学生迫切需要解答的问题

# 学生课堂学习中的 108 个怎么办

本书编写组 ◎ 编

## 图书在版编目（CIP）数据

学生课堂学习中的108个怎么办/《学生课堂学习中的108个怎么办》编写组编著. —广州：广东世界图书出版公司，2010.2（2024.2重印）
ISBN 978-7-5100-1595-3

Ⅰ．①学… Ⅱ．①学… Ⅲ．①学习方法-青少年读物 Ⅳ．①G791-49

中国版本图书馆CIP数据核字（2010）第024750号

---

| | | |
|---|---|---|
| 书　　名 | 学生课堂学习中的108个怎么办<br>XUESHENG KETANG XUEXIZHONG DE 108 GE ZENMEBAN | |
| 编　　者 | 《学生课堂学习中的108个怎么办》编写组 | |
| 责任编辑 | 马立华 | |
| 装帧设计 | 三棵树设计工作组 | |
| 出版发行 | 世界图书出版有限公司　世界图书出版广东有限公司 | |
| 地　　址 | 广州市海珠区新港西路大江冲25号 | |
| 邮　　编 | 510300 | |
| 电　　话 | 020-84452179 | |
| 网　　址 | http://www.gdst.com.cn | |
| 邮　　箱 | wpc_gdst@163.com | |
| 经　　销 | 新华书店 | |
| 印　　刷 | 唐山富达印务有限公司 | |
| 开　　本 | 787mm×1092mm　1/16 | |
| 印　　张 | 10 | |
| 字　　数 | 120千字 | |
| 版　　次 | 2010年2月第1版　2024年2月第11次印刷 | |
| 国际书号 | ISBN　978-7-5100-1595-3 | |
| 定　　价 | 48.00元 | |

版权所有　翻印必究

（如有印装错误，请与出版社联系）

# 前　言

"百年大计，教育为本。"教育，是立国之本，是民族兴旺的标记。一个国家有没有发展潜力，看的是教育；这个国家富不富强，看的也是教育。教育的对象是学生，所以，让学生受到良好的教育，是国家富强、民族兴旺的根本。

然而，学习的过程并不是一帆风顺的，正所谓"梅花香自苦寒来，宝剑锋从磨砺出"。不管是小学、中学还是大学，学习中总是存在着这样或那样需要解决的问题。总会有一些问题困扰着学生们。这些问题不管大小都会对学生们的学习产生不良的影响，妨碍他们的学习进程，降低他们的学习效率。例如，中小学生比较常见的学习问题，有厌学问题、偏科问题、学习坚持性问题、粗心马虎问题、预习与复习问题、作业问题、时间管理问题、阅读问题，还有一些专业课程的问题，等等。在面对自己遇到的难题时，大多数学生都会积极探索解决问题的方法，但花费时间太多而让宝贵的时间从指缝间溜走。更有部分学生在困境之中，不知所措，以致陷入无奈的沉思：怎么办？问题耽误了时间，问题得不到解决，这都会给学生造成负担，以致影响学习的质量。

课堂是吸取知识、解决问题的主渠道，宝贵的光阴是在教室里度过，一年中有9个月是在课堂学习，学习过程中遇到的问题也基本上产生于课堂。解决学习中的问题，就好比过河时登上了船。等不到船时，我们急不可耐；船到来时，一切都变得如此简单。

本书通过深入浅出的分析，提出了在课堂学习中学生迫切需要解答的108个问题，并针对问题给出解决的途径。可谓一艘久盼而来的"独木舟"，搭载着匆匆赶来前往彼岸的每一位学子。书中的问题具有针对性，是学生在学习过程中遇到的比较普遍的问题。通过合理的解决方法，不仅让学生摆脱了学习中的艰难困境，而且节省了宝贵的学习时间，提高了学习效率，从而在学习上"更上一层楼"。

# 目 录

## 如何养成好的学习态度

没有学习兴趣怎么办? …………… 1
对数学不感兴趣怎么办? ………… 3
对英语不感兴趣怎么办? ………… 4
出现了厌学情绪怎么办? ………… 6
偏科怎么办? ……………………… 7
没有上进心怎么办? ……………… 9
不善于发现问题、分析问题怎么办?
………………………………… 10
不善于对知识进行抽象概括怎么办?
………………………………… 12
不善于"举一反三"怎么办? … 13
没有勤于思考的好习惯怎么办?
………………………………… 15
要想培养和发展自己的创造性思维
　怎么办? ……………………… 16
学习中遇到疑难总想绕着走怎么办?
………………………………… 18

感到学业负担太重怎么办? …… 19
学习缺乏自制力怎么办? ……… 21
学习时容易发困怎么办? ……… 22
学习时想着异性怎么办? ……… 24
不执行学习计划怎么办? ……… 25
不想掌握繁杂琐碎知识怎么办?
………………………………… 27
要想积累学习资料怎么办? …… 28

## 如何提高学习效率

不会课前预习怎么办? ………… 30
不会预习课文怎么办? ………… 32
听不懂老师讲课怎么办? ……… 33
不会做课堂笔记怎么办? ……… 35
顾了听顾不上记怎么办? ……… 36
听课效率不高怎么办? ………… 38
上课时注意力总是不集中怎么办?
………………………………… 39
上课不专心听讲怎么办? ……… 41

不会课后复习怎么办? ……… 42
不会复习语文怎么办? ……… 44
不会复习数学怎么办? ……… 45
复习抓不住要点怎么办? …… 47
记不住英语单词怎么办? …… 48
不会学习英语语法怎么办? … 49
不会科学使用大脑怎么办? … 50
记忆不牢固怎么办? ………… 52
不会合理利用时间怎么办? … 53
基础知识没有学好怎么办? … 55

### 如何完成作业练习

写作业速度慢怎么办? ……… 57
不会辨析词义怎么办? ……… 58
不会辨识病句怎么办? ……… 59
不会正确使用"的"、"地"、"得"
　怎么办? …………………… 60
要想不读错、写错、用错成语
　怎么办? …………………… 61
句子的含义难理解怎么办? …… 62
不会快速阅读怎么办? ……… 63
不会给课文分段怎么办? …… 64
不会归纳中心思想怎么办? … 65
不会概括寓言的寓意怎么办? … 67
不会概括段落大意怎么办? … 68
没有良好的默读习惯怎么办? … 69
不会做选择题怎么办? ……… 70
不会做判断题怎么办? ……… 72
不会做计算题怎么办? ……… 73
做不好应用题怎么办? ……… 74
不会做阅读类试题怎么办? … 74

不会做英语"阅读理解"题怎么办?
　………………………………… 75
学过的定义、定理、公式不会应用
　怎么办? …………………… 77

### 如何写好文章

写不好作文怎么办? ………… 78
看到题目,一时觉得没什么可写
　怎么办? …………………… 79
不会审题怎么办?(一) …… 80
不会审题怎么办?(二) …… 82
不会确定中心怎么办? ……… 84
文章立意不高怎么办? ……… 85
作文不会开头怎么办? ……… 87
作文不会结尾怎么办? ……… 88
不会描写景物怎么办? ……… 90
不会描写人物怎么办? ……… 91
不会描写心理怎么办? ……… 93
不懂抒情怎么办? …………… 94
作文感情不真挚怎么办? …… 96
想叙事有起伏怎么办? ……… 98
不会扩写怎么办? …………… 99
不会缩写怎么办? …………… 100
不会改写怎么办? …………… 101
不会续写怎么办? …………… 101
作文详略不当怎么办? ……… 102
不会写日记怎么办? ………… 103
习作中常常出病句怎么办? … 105
不会正确使用标点符号怎么办?
　…………………………………… 106

# 目录

## 如何解决考试问题

怎样对待高中文化科目会考? … 109
考前不知如何做准备怎么办? … 110
有"临时抱佛脚"的习惯怎么办?
　…………………………………… 111
考试前复习效果不佳怎么办? … 112
考前有紧张情绪怎么办? ……… 114
考前心里特别紧张怎么办? …… 115
考试怯场怎么办? ……………… 116
不会分析试卷怎么办? ………… 117
不会审题怎么办? ……………… 118
考试时不知如何答题怎么办? … 119
考试时会的题目一时想不起
　怎么办? ……………………… 121
考试中遇到难题怎么办? ……… 122
考试中心绪不宁怎么办? ……… 123
考试有粗心的毛病怎么办? …… 124
答好试卷后时间多余怎么办?
　…………………………………… 126
发现考试时间不够了怎么办?
　…………………………………… 128

关键性考试发挥不正常怎么办?
　…………………………………… 129
考试成绩总不如平时好怎么办?
　…………………………………… 131
无法走出考试失败的阴影怎么办?
　…………………………………… 132
理科实验考查成绩不好怎么办?
　…………………………………… 133
外语听力测试成绩不好怎么办?
　…………………………………… 134

## 如何提高随堂表达能力

口头表达能力差怎么办? ……… 137
课堂上害怕提问怎么办? ……… 138
老师一提问就紧张怎么办? …… 140
上课不喜欢发言怎么办? ……… 141
不会朗读课文怎么办? ………… 142
不会朗诵诗歌怎么办? ………… 144
不会复述课文怎么办? ………… 145
不擅长演讲怎么办? …………… 146
英语口语差怎么办? …………… 148
不会掌握背诵方法怎么办? …… 150

# 如何养成好的学习态度

## 没有学习兴趣怎么办?

科学家丁肇中用6年时间读完了别人10年的课程,最终发现了"J粒子",是第一位获得诺贝尔奖学金的华人。当被问及如此刻苦会不会觉得累时,他回答:"一点儿也不,没有任何人强迫我这样做。正相反,我觉得很快活。因为有兴趣,我急于要探索物质世界的奥秘,比如搞物理实验,因为有兴趣,我可以两天两夜,甚至三天三夜待在实验室里守在仪器旁。"

学生只有对学习感兴趣,才能把心理活动指向和集中在学习的对象上,使感知觉活跃,注意力集中,观察敏锐,记忆持久而准确,思维敏锐而丰富,激发和强化学习的内在动力,从而调动学习的积极性。兴趣的形成和家庭的教育、教师的教学、周围环境的影响、学习者有意识的自我培养有关。那么,作为学生如何自己培养学习兴趣?

### 一、积极期望

积极期望就是从改善学习者自身的心理状态入手,对自己不喜欢的学科充满信心,相信该学科是非常有趣的。想象中的"兴趣"会推动我们认真学习该学科,从而对此学科真正感兴趣。一位学生对学习地理毫无兴趣,怀着一种焦急的心情等待下课铃声,为了培养对地理的兴趣,他作了这样的练习:"我喜欢你,地理!"重复几遍之后,他觉得地理不像从前那样枯燥无味了。

## 二、从小目标开始

在学习之初,确定小的学习目标,学习目标不可定得太高,应从可达到的目标开始,不断地进步会提高学习的信心。不要期望在短期内将成绩提高上去,有的同学往往努力学习一两周,结果发现成绩提高不大,就失去信心,从而厌恶学习。

## 三、了解学习目的,间接建立兴趣

学习目的,是指某学科的学习结果是什么,为什么要学习该学科。当学习该学科没有太强的吸引力时,对最终目标的了解是很重要的。学习过程多半都是要经过长期艰苦努力的,这种艰巨性往往让人望而却步,而学习又是学生的天职,不能不学,所以要认真了解每门学科的学习目的。如果我们对学习的个人意义及社会意义有较深刻的理解,就会认真学习各门功课,从而对各科的学习产生浓厚的兴趣。

## 四、培养自我成功感

在学习的过程中每取得一个小的成功,就进行自我奖赏,达到什么目标,就给自己什么样的奖励。通过渐次奖励来巩固自己的行为,有助于产生自我成功感,不知不觉就会建立起兴趣。

## 五、把其他兴趣转移到学习上来

每个人在少年儿童时期都有自己特别感兴趣的事,如爱玩汽车、爱搭积木等。到了高年级后,就应当去发现、了解与爱好有关的知识,如:怎样当个好驾驶员?汽车是如何发动的?汽车的构造原理是什么?我所学的知识中哪些和它们有关系?这样就把对学习的兴趣在原有的基础上发展起来。

## 六、确立稳定的兴趣

用学得的知识解决实际问题,一是能巩固知识,二是能修正知识,三是能带来自我成功的喜悦情绪。这种喜悦情绪正是建立稳定持久的兴趣所必需的。

## 七、不断地提问题

当你为回答或解答一个问题而去读书时,你的学习就带有目的性,就有了兴趣。准备一些问题是很容易的,例如学习阿基米德定律时,你可问:"阿基米德定律的内容是什么?"、"它是怎样发现的?"、"怎样证明它的结论是对的?"、"它的公式是什么?"

## 八、激发学习兴趣

当我们满腔热情地去做一件事

时，一般都对它的结果有了预期的想象，而坚持去做这件事情。例如你想象某个电影非常好看才促使你去看，假如你事先想象这个电影不好看，那么你一定不去看。你可以想象出考试成绩优秀，可以顺利进入大学，为社会作出贡献，为个人创造好的前程。也可以想象出考试成绩优秀，得到老师、家长的赞扬，得到同学们的羡慕等，从而激发学习兴趣，想象会帮你成功。

## 对数学不感兴趣怎么办？

数学的学科特点是：难度大、枯燥、重逻辑，一般较难形成直接的兴趣。然而学习数学最关键的是激发兴趣，并且还要能够令兴趣持续和向更高层次升华。如何才能做到这些呢？我们给出以下几点意见：

### 一、丰富学习活动

学习数学，不能局限于记定理、背公式、做作业的小圈子里，也不能与实际情况相脱节，把它当做是全无感情的字母、数字、图形的大杂烩。而是应当开阔思路和视野，真正认识到数学是密切联系现实的学问，其应用十分广泛，可谓是一种集逻辑美和形式美于一体的、富有思想方法的神奇宝库。

### 二、建立良好的学习数学习惯

习惯是经过重复练习而巩固下来的稳重持久的条件反射和自然需要。建立良好的学习数学习惯，会使自己学习感到有序而轻松。学习高中数学的良好习惯应是：多质疑、勤思考、好动手、重归纳、注意应用。学生在学习数学的过程中，要把教师所传授的知识翻译成为自己的特殊语言，并永久记在自己的脑海中。另外还要保证每天有一定的自学时间，以便加宽知识面和培养自己再学习能力。

### 三、有意识培养自己的各方面能力

数学能力包括：逻辑推理能力、抽象思维能力、计算能力、空间想象能力和分析解决问题能力共五大能力。这些能力是在不同的数学学习环境中得到培养的。在平时学习中要注意开发不同的学习场所，参与一切有益的学习实践活动，如数学第二课堂、数学竞赛、智力竞赛等活动。平时注意观察，比如，空间想象能力是通过实例净化思维，把空间中的实体高度抽象在大脑中，并在大脑中进行分析推理。其他能力的培养都必须在学习、理解、训练、应用中得到发展。特别是，教师为了培养这些能力，会精心设计"智力课"和"智力问题"，比如对习题的解答时的一题多解、举一反三的训练归类，幻灯机、电脑等多媒体教学等，都是为数学能力的培养开设的好课型。在这些课型中，学生务必要用全身心投入、全方位智力参与，最终达到自己各方面能力的全面发展。

### 四、体会成功的快乐

俗话说"失败是成功之母"，我们也可以说"成功是成功之母"。浓厚的兴趣会推动我们不断向数学的高峰靠近，不断迈向成功的过程，又会使我们对数学增添新的兴趣。这样一个良性循环一旦形成，我们就不仅可以享受更多成功的机会，并且会使我们对数学的兴趣日益浓厚。一道题目的奇思妙解，一种思路的豁然畅通，无论是源于长年累月的刻苦求索，还是源于瞬息一闪的智慧火花，都能够带给我们极大的喜悦。

### 五、树立学习目标

目标是学习的向导，只有树立了目标，再根据自己的实际情况制订切实可行的计划，并且努力地去实现它、超越它，每一次实现和超越都会为下一步的迈出奠定坚实的基础。可以说，无论是学习数学还是学习其他学科，树立目标都是至关重要的。

### 六、多练习

学术界流传这样一种说法，即数学是思维的体操。我们都知道，体操需要长时间的练习，数学当然也不例外了。一位知名数学家曾经说过这样一句话："数学的学习好比入山采宝，而不练习则好比入宝山却空手而归。"练习的概念是广泛的，我们平常做习题是最常见的练习。但是，在学习的整个过程中，读、说、想、算等这些经常性的动口、动脑和动手是更广泛的，甚至可以说是最重要的。另外，做习题也不能满足于可以根据公式算对答案，而是要知道"为什么要这样做"，从而有意识地训练解题思路，还要思考"还能怎样做"，来积累解题的经验，并且经过对比，看看到底哪种方法更合理，从而提高解题的技能和技巧。

## 对英语不感兴趣怎么办？

"兴趣是最好的老师"，学习英语首先要有兴趣并努力发展这一兴趣。如果你对英语没有兴趣，那就不会有持续的干劲和动力，英语学习将很难坚持下去。反之，一旦你对英语有了兴趣并努力地发展这一兴趣，那么，你就会不知不觉地去做，带着强烈的欲望去读英语、听英语、说英语、写英语。你就会主动地找人去练英语，找一切可以提高你英语的机会去提高你的英语水平。不知不觉中你的英语就会提高，把英语学会了。所以"兴趣"对学好英语有举足轻重的作用。然而，尽管知道兴趣的重要性，但很少有人有意识、有步骤地去培养和发展自己对英语的兴趣。那么，应如何培养英语学习的兴趣呢？

### 一、发现和挖掘兴趣

每个人都有自己的兴趣爱好。把自己的兴趣与英语学习结合起来，是英语学习成功的关键条件。例如，如果对小说很感兴趣，就大量阅读英文小说。在英文小说中不仅能掌握大量的词汇、各种各样的语法规则，而且对英国人的生活、文化、习俗也会有深刻的了解。因为对小说感兴趣，所以在阅读时，根本没注意自己正在学习英语，只是努力地读进去。再比如对电影感兴趣，就看大量的英文电影。因为是在兴趣的驱使下做这些事情的，所以做得特别投入，大脑积极地工作，无意识的记忆效果最佳。一个人如果能够准确界定自己的兴趣在什么地方——特别是这个兴趣与一个长远的目标相结合，那么他实现自己的目标就很简单了。喜欢电影就看英语电影，爱看小说就读英语小说，热衷于广播就听英语广播……只要通过英语这个媒体做喜爱的事，就完全可以走向英语学习的成功之路。

### 二、兴趣在"实践"中产生和发展

两个人在一起谈如何学会游泳，谈一会儿就烦了。但是，如果他们能到水里体会一下游泳的感觉，并努力地去学着游，他们就会渐渐爱上这项运动，一旦爱上了这件事，即使不让他去做，他也非要做。兴趣就是这样在一次次实践中产生和发展的。你对一种事物的热爱在实际运用中产生，并变得越来越深。如果在学英语的过程中，你能够尽早地尝试使用所学的英语的快感，那么你学习英语的兴趣将日益增加。具体地说，就是你一开始学英语就要找机会来用英语。比如说，你刚开始学英语，就去找"老外"聊天，很快就学会口语了。还有，你想提高听力水平，恰巧你喜欢听新闻。那么，如果你坚持每天听英语的新闻，很快就会把听力提高上去。如果一个人对英语充满了热爱与激情，与他在一起的你对英语自然而然就产生兴趣。

### 三、树立目标

做事想要成功，就必须树立目

标。一旦有了目标，你就会有足够的时间和精力来学好英语。长远的目标应该把学英语同民族的强大、祖国的发展联系在一起，同促进世界各国人民之间的交流和理解联系在一起。当然，还应该有无数的短期目标。短期目标可以是通过一个英语考试，为了考试而拼命学习英语。短期目标也可以是去世界上任何一个英语国家求学，在出国留学之前，你也要下工夫学习英语。短期目标还可以是到世界上各个地方去旅游，找到一份满意的工作。比如成龙，因为会英语，他不仅可以在中国拍电影，还可以到英语世界去拍，呈现在他眼前的是一个更加缤纷的世界。因此，一个人如果能够通过具体的想象，看到自己学好英语之后的灿烂的未来，他即使学习英语有挫折，也会坚持不懈地学下去，直到学好为止。

**四、投资增加兴趣**

例如对美术作品很感兴趣，就买很多美术作品，对它们的爱越来越深，因为这样才有机会真正深入到喜爱的东西中去："陷得越深，爱得越深。"如果你喜欢听英文歌曲，那就去买磁带、CD，你的兴趣会随着欣赏不同的音乐而增长。如果你喜欢英语，你就要买各种各样的英文书籍，各种各样的英语磁带，各种各样的英语报纸杂志，你还要参加不同的培训班，这些投资会使你找到英语的趣味性，并使你发现英语给你带来的奇妙世界。当你体味到英语内在的趣味之后，进入英语语言所带来的信息世界，你对英语的学习兴趣自然会提高。

## 出现了厌学情绪怎么办？

人的一生是学习的一生。但是在学校进行专门学习，接受专门教育，却只有十几年的时间。在这十几年的学习时间里，人的感受是不一样的，有的人认为学习是一件乐事，因而越学越想学；有的人却觉得学习十分枯燥，因而产生厌学情绪。

以上两种不同情绪的产生，有各自不同的原因和基础。乐学者一般学习比较顺利，遇到困难能很快克服，从而使人产生成功的喜悦；更有强者，对待学习中的困难有一股拼劲，不解决问题誓不罢休，在征服困难的过程中产生更大的快乐和成功感。这些人往往是学业上的成功者。可是有一些人对于学习上的困难有畏惧心理，久而久之，问题越积越多，终于到了跟不上集体水平的地步，因而产生厌学情绪。还有的人对长期而反复地做相同的事感到乏味，没有新鲜感,将学习、做作业也列入其中。从客观上讲,部分教师的教学方法呆板或考试、升学压力大,作业负担重,也是原因之一。

那么,怎样才能克服这种消极的厌学情绪呢?

### 一、要清除畏难情绪

要知道没有克服不了的困难。克服学习上的困难,首先要立足于自己多动脑筋,当觉得自己的能力达不到的时候,可以向同学或老师寻求帮助。当你从克服困难的过程中尝试到成功的体验时,你就不会再认为学习是枯燥乏味的了。要从心里拒绝那种"我是差生,我根本就无法进步"的心理错觉,因为事实上学生相差不大,没有谁会比你强多少。你们的区别是:他们比较自信而已。事实上你也可以做到。众所周知,爱因斯坦小时候就是一个老师眼中的差生,但是最后,他却取得了无与伦比的成就。

### 二、要培养学习兴趣

兴趣主要是靠培养而产生的。兴趣来源于好奇心。培根说:"知识是一种快乐,而好奇心是知识的萌芽。"这种好奇心可以发展成为求知欲望,有了求知欲望,就不会再把学习看做是一种负担了。可以将学习与自己特长结合起来。其实特长与学习并不矛盾,众多事实表明,有特长的学生,他的学习一般也不错,因为它们可以相互影响。由于有特长、有兴趣,他们会经常受到来自学校和家庭的表扬和鼓励,他们的兴趣劲头会潜移默化地移到学习方面来,从而相得益彰。调查表明,很多厌学的学生,他们一无特长,二成绩差,有的只是一些不良习惯,如经常上网玩游戏。

### 三、要树立正确的观念

学习是自己的事,是为了让自己能在将来的社会中生存。世界向前迈进,社会飞速发展,当今社会和未来世界对人的要求越来越高,没有知识是无法适应社会的,更不用说发展社会了。

当然,对于有严重心理障碍的厌学学生,靠以上方法可能无法取得效果,就必须尽早请心理医生诊断,利用医学手段来治疗厌学症。对患有厌学症的学生进行教育和帮助,切实解决好他们的学习心理问题,才能让每一个学生更好地适应学校教育的要求,从而顺利走完健康成长的历程。

## 偏科怎么办?

偏科是令人头疼的问题。先不说偏才难成天才,就是考试时,你的成绩总会被最差的那一科拖后腿。听说过"木桶定律"吗？木桶盛水的多少关键取决于最短的那块木板。所以说，要想更优秀，就必须把最差的科目提上去。

解决偏科现象的首要措施就是培养自信和毅力。方法很简单，就是有意识地在弱项科目上多投入学习的时间。尤其是复习时，一定要重视老师课内的训练。把复习的重点放在基础知识上，不宜去钻难题。假如你的弱项科目是语文、英语、历史、政治等文史类科目，则需把时间放在基础的记忆部分，并在理解的基础上进行背诵。牢记那些老师要求背诵掌握的内容，如背诵名句、古诗文、外语词汇、重要的历史事件和年代等。假如弱项科目为数理化，则应当多做简答题和基础题，把这类题目的正确率提上去。只要持之以恒，就一定会见成效。还有就是平常学习的时候，一定要注意不要让自己产生偏科的倾向。那些已经存在偏科现象的同学，不必过多烦恼，只要有改变这种现象的决心，并付诸行动，就一定可以改变。

除此之外，我们还总结出一套直观的解决偏科的方法：

### 一、时间上从短到长

凡是不擅长的学科，大都是不感兴趣的。因此，如果一开始便让自己在差的科目上投入大量时间，必然会倍增烦躁与厌倦。正确的方法是按照学习目的制定出一份时间表。比如今天只复习某一科的某一小节，时间不超过半小时，在这半小时里踏踏实实地把这一小节搞清了，就改学别的科目。时间一长，对差科的学习兴趣就会逐渐培养起来了。还可以将差的科目夹在强的科目中学，时间同样不要太长，以避免枯燥无味的学习。

### 二、做题从简单的入手

对于自己不擅长的科目，不要一上去就选那些太难的习题做。因为你自己在这个科目上基础差，所以做难题只会浪费时间，对自己的提高并没有多大帮助，只能摧毁自己的自信心。正确的方法是从简单一些的习题入手，牢牢掌握课本上最基础的知识，在确保自己对简单的题目已完全掌握后，再适当提高题目难度。

### 三、找出差中之差

即使是对于差的学科，你也并不是所有问题都一无所知，有些问题还是略知一二的，真正拖累你的是这个科目中某一点或两点。如果你能把这个差中之差找出来，来一个强化或突击性的训练，就可以在短时间里有一个较大的提高。

### 四、自我摸底

在经过了一段时间的努力后,你觉得对差的科目仍然心里没底,不知学得如何,这时候你可以找一份试卷来,像真正考试那样做一遍,做完后对着答案自己打分。也可以请一个家庭教师来,让他帮助你把这段时间的所学加以整理,然后考一考你学得怎么样。如果你考得不差,那么你就应该有信心了,你的差科现在已经不差了。

### 五、进行有效的心理暗示

反复强调"偏科",学生自己会不断强化这个概念,认定"这个学科我是学不好了"。这就是消极的心理暗示了。在出现偏科的时候,要不断暗示自己:加油,我一定能行!从一点一滴做起,不要贪多,渐渐从心理上觉得"我在这门学科上也有过人之处"。即使这门科目已经很差了,也不要和其他同学比,把自己当成下次超越的对象就可以了。

## 没有上进心怎么办?

上进心是指人所具有的一种进取精神和积极向上的心理状态。它是形成健全人格的重要心理品质,是成功者必备的心理素质。如果你渴望成功,却又上进心不足,就请从现在开始培养吧。

### 一、树立远大的理想

每个人都有自己美好的理想,我们要做的是把理想的风帆鼓满,把追求的目标定高。所谓"志存高远",一个人的成就绝不会超过他的信念,正如美国前总统林肯所言:"喷泉的高度不会超过它的源头。我们只有立大志,才能在远大志向的引导下向目标靠近。"树立了远大的理想后,还需要将理想和奋斗相结合,若不付诸行动则理想将会成为泡影。为远大理想而奋斗的过程是一个个短期目标实现的过程,上进心会在一次次的胜利中被激发出来。

### 二、树立一个自己学习的榜样

这也是激发上进心非常有效的方法。无论是古今中外的成功者,还是身边那些成绩突出、学习刻苦者,都可以作为自己的榜样。榜样的力量是无穷的,当你的上进心日渐消退时,榜样会给你提醒,他们以自己的实际行动激励你积极进取。

### 三、经常关注自己的优点和成就

你总想自己的缺点和失败,你当

然会越来越没信心。这不是灭自己的威风吗？你必须长自己的志气。你总会有许多优点和成就的，把它们列出来，写在纸上。至少写出五个优点和五项成就。对着这张纸条，经常看看、想想。在从事各种活动时，想想自己的优点，并告诉自己曾经有过什么成就。这叫做"自信的蔓延效应"。这一效应对提升自己的自信效果很好，有利于提高从事这项活动的成功率。

### 四、自我心理暗示

不断对自己进行正面心理强化，避免对自己进行负面强化。当你碰到困难时，一定不要放弃。要坚持对自己说："我能行！"、"我很棒！"、"我能做得更好！"你重复对自己念叨有信心的词语，是一种很重要的自我正面心理暗示，有利于不断提升自己的自信心。这已为心理学的研究所证实。

### 五、扩大交际

还应多结交一些对自己的学习和生活有益的朋友，多读好书。"近朱者赤，近墨者黑。"你若常和悲观失望的人在一起，你将会萎靡不振。若你经常与胸怀宽广、自信心强的人接触，你也会成为这样的人。多与有志向、有信心的人交朋友吧。

### 六、多阅读名人传记

很多知名人士，成名前的自身资质、外部环境并不比你好。有的甚至在你的年龄时，比你现在的情况差远了。多看一些这方面的材料，会让你知道你其实是具备成功的条件的，成功是完全来得及的，这样有助于提升你的自信心。

另外，还要学会给自己减压，太多的压力让人喘不过气来，也就没有太多的精力去学习。放下负担，你的精力才会集中到学习上，从而使上进心日益增强。

## 不善于发现问题、分析问题怎么办？

孔子曾经说过："学而不思则罔，思而不学则殆。"意思是说，在学习上只学习不思考问题，则会迷惑不解；只思考问题，而不去学习知识，则荒废学业，没有进步。

同学们在日常学习中，也许会有这样一种感觉，对感兴趣的学科或学得较好的学科，较容易发现问题和提出问题，对学得不好的科目或不感兴趣的科目，则难于发现问题、提出问题。应该说，在我们的学习和生活中，能注意观察问题、发现问题、分析问题、解决问题,这是一件好事,这样才能增长我们的学识,才有长进。大发明家爱迪生从小就注意观察,经常提出许多"稀奇古怪"的问题,甚至连他的老师有时候也会被难倒。他经过刻苦钻研,解决了一个又一个难题,取得了一个又一个发明创造,被誉为"发明大王"。

学习就是一个从已知求未知的过程。在已知通向未知的道路上,我们的思维活动闪动着智慧的火花,进行着创造性的思考,在发现问题、提出问题的过程中,表现出自己的聪明才智。那么,怎样才能使我们善于观察问题、发现问题、分析问题呢?

### 一、观察事物要仔细

兴趣能使我们对所观察的事物保持一种积极性、主动性,从而集中我们的注意力去认真观察。只有认真仔细地观察,我们才能较完整地认识事物,发现问题。《淮南子》一书中,有一句格言说:"一叶落,知天下秋。"树叶开始落下了,预示着秋天向人们走来了。任何事物或问题的出现,都是如此,总是有一定征兆的。只要仔细观察,就不难发现问题。

### 二、养成思考的好习惯

①要有好奇心和求知欲。这是促使我们去观察、思考问题的动力。②要多用"为什么",学会逆向思维,不仅要知其然,而且要知其所以然,做到真正理解。⑧要有批判精神,敢于"创新",不受习惯的禁锢。爱因斯坦在70岁时,回顾往事说:"我感到在我的工作中,没有任何一个概念会很牢靠地站得住的。我也不能肯定,我所走的道路一般是正确的。"正因为他敢于大胆地怀疑一切,所以,他往往在别人认为没有问题的地方,发现了问题。

### 三、培养创造性思维

学习时,要充分展开思维活动,思维越活跃,求知就越有新突破。我们学习的教材内容,是经过客观实践检验的,集中了许多专家学者的智慧和心血,因此,求同思维或集中思维是必要的。但是,如何学习这些内容使之变成自己的知识,如何在认识问题上有新的进展,又需要求异思维或发散思维。在学习的进程中,要敢于发现问题、提出疑点,敢于多角度多层次去思考,同中求异,异中求同,进行创造性地学习。

### 四、坚持唯物主义的世界观

坚持物质第一性,一切从实际出发,去观察问题、发现问题、思考问题，这是我们正确认识世界上一切问题的基础和出发点。要坚决反对从主观或教条出发、凭空想象的做法。

### 五、认真学习，丰富自己

努力学习，拓展自己的知识面和视野。掌握的知识越多，所接触的知识范围越广，接触的未知领域也越多，发现问题的机会也越多。我们常常会看到：越是学习好的同学，越常提出问题。原因就在于此。注意学习他人观察事物、发现问题的经验以及分析思考问题的方法，提高自己的观察、分析能力。

### 六、要有耐心和恒心

因为许多问题的观察和发现，不是那么简单、容易的，需要我们花费相当的精力，作出不懈的努力，有时要花很多的时间才能完成。这要求我们必须具有一定的耐心和恒心。

## 不善于对知识进行抽象概括怎么办？

一位富有经验的老师曾对他的学生说："我希望你们通过几年的学习，能把每门课的若干本书都变成几页纸。"这其中包含的意思就是指同学们要善于学习，善于总结、归纳，提炼出精髓、纲要，此外就是活学活用的问题了。不必要也不应当一股脑儿将全部所学知识"生吞"下来，几年下来搞得课本、笔记、作业本、参考资料一大堆，学习效果反而不好。

抽象是抽取事物的本质属性，使它与其他属性分开；概括是将同类事物的相同属性结合起来。抽象和概括是紧密联系的，只有抽象出事物的本质属性才能进行概括，如果思维不具有概括性也无从进行抽象。抽象和概括是形成概念的思维过程和科学方法，只有经过抽象和概括，才能使人们对事物的认识由感性转化为理性。

那么，我们怎样培养对知识的抽象概括能力呢？

第一，学习中对各科知识的层次应进行分类。对基本概念要掌握和熟练运用，使之变为常识性的东西；对于规律性的东西要深刻领会并广泛运用，以这些作为本科目知识的主干；对于具体运用知识的内容如练习、复习题、参考资料等，则配合对概念、规律性内容的加深理解进行训练，不必多占头脑中的空间。如对于英语，单词等属于基本概念，语法则属于规律性内容，可以使语法作为英语课的主干，单词应掌握在平时、运用于练习；至于大量的练习应当做，但不能陷进去，"只见森林，不见树木"，头脑里因充塞太多练习题而理不出头绪来。你想，语法的知识合起来在几册课本中也只是几页吧，在熟记单词和进行练习之后，最需把握的就只有这么多，而且它们都还充满着互相的联系呢。因此，切记课本上的每一页、每个字并不是同等重要的，而应去区别它们抓住其中的关键东西。

第二，借鉴其他人、其他书关于某一科目知识的抽象概括，使之纳入自己的知识结构。特别像面对初三会考、高三高考等考试的同学，需要对各门课三年所学的若干教材进行全面复习，非抽象概括不可。这时一方面要自己浓缩，另一方面应重视指导老师和一些有价值的参考书的抽象概括，这些都是对课本知识加以提炼、归纳、综合，形成了高度概括的知识"架子"、"套子"，需细细消化，为己所用。

第三，以旧识新，建立联系的迁移性概括。随着学生年龄的增长，知识的扩展，运用已掌握的概念去理解新的概念是常用的方法，即概念的同化。概念的同化过程也就是抽象概括的过程即学习新概念时与认识结构中已有的相关联的概念进行联系，实现知识迁移，使新概念的本质特征在学生头脑中得到精确分化，从而产生新的飞跃。

第四，日常应从小知识、小问题做起，以训练自己语言的简练、概括性入手，力图避免啰里啰唆、繁琐拖沓，从而逐步提高思维的抽象概括能力，因为"思维是用语言来进行的"，改变语言水平会相应改变思维水平。

## 不善于"举一反三"怎么办？

我们说，能否在学习中举一反三，反映着一个人思维的灵活性和思维的广阔性。具有这样思维特征的同学，在学习知识时不拘泥、不刻板，在解决问题时善于灵活运用知识对付各种形式的问题；不能或不善于举一反三的同学思维不开阔，角度变化小，缺乏解题时的应变能力，学习的提高受到严重制约，因此非常需要培养灵活思维、开阔思维这些良好的思维品质。要获得举一反三的能力，应通过这样一些途径去努力：

### 一、注意思维过程的锻炼

学习时需进行知识的分析与综合，需注意对多种知识的比较和所学知识的抽象、概括、具体应用，不是浮在所学知识的表层，而是深入其实质，真正弄懂并掌握知识，而这个过程需要思维的积极参与发挥作用。这样一方面巩固了知识，另一方面则抓住了本质、锻炼了思维，这对于开阔思路具有重要意义。

## 二、运用多种形式的思维方法

要培养自己学会正向思维、逆向思维、横向思维、纵向思维、集中型思维、发散型思维、形象思维、逻辑思维（抽象思维）等，这些方法的正确运用可以使我们灵活地搞好学习、拓展知识的范围，同时也是思维本身趋于灵活、扩大广度的实现。当然，这方面需要了解一些专门知识，最好有专门指导和针对训练，这里限于篇幅就不一一介绍了。

## 三、重视特殊题型

重视学习中遇到的一题多变的实例、一题多解的练习以及一些培养灵活广阔思维习惯的益智游戏、智力题等。对这些问题，应视为可贵的锻炼机会，积极解答，还要想一想虽多变但"万变不离其宗"的是什么？多解的人手处有哪些选择路子？智力测验的答案使人拍案叫绝之处奥妙何在？正像人在学走路时，从跌跤到蹒跚到熟练，举一反三的能力也只有在举一反三的环境要求和实践体验中才能逐步形成。

在具体的实践中可以依照下面做法：

## 一、听课时，要"通过现象看本质"

要重点领悟（不仅仅停留在"理解"上）知识、知识与知识之间（有时对学科之间例如"物理、化学和数学"三个学科之间知识点的关联）的本质规律，积极寻找同类知识的本质联系，这样吃透原理、规律。那么在新的学习情境中，遇到的新题目只是形式不同，命题和解题的原理、方法一样，因此就可以触类旁通，这样在解题时就会对同类型的新题目思考得深入，解决得快而正确。

## 二、做适当的练习，追求"举三反一"

指望上课听一下，然后就会做所有同类型的题目，这是不现实的。学习了相关知识，就此知识要做一定量从易到难的练习。人们常说："熟读唐诗三百首，不会写诗也会吟。""读书破万卷，下笔如有神。"就是这个道理。做题时不仅要追求数量，更要追求"含金量"——把握题目中蕴含的原理和方法。从这个意义上讲，"举三"、"举十"才能"反一"。

## 三、向老师、同学请教

"举一反三"卡壳时，要反省自己的学习过程是否有失误的地方。例如，听老师讲习题或者向老师、同学请教时，要特别关注老师、同学的解题思路。他们遇到新题目时，是怎么想的，为什么这么想，他们怎么就能准确而且快速地从正确的角度切入呢？自己当时为什么就不能这么想？我的意思是你听课或者和高手切磋时，重点是要学习他们思考问题解决问题的方法，然后不断地纠正自己的偏颇之处。

# 没有勤于思考的好习惯怎么办？

韩愈告诫学生时曾强调："行成于思毁于随。"毛泽东也曾为人题词"多思"。作为正在进行学习的、思维正在发展的青少年朋友来说，尤其要注意培养勤于思考的好习惯，以避免简单片面、避免冒失粗率、避免碰壁遇挫、避免盲目从众、人云亦云。培养勤于思考的好习惯，可以从以下几个方面努力：

### 一、学会质疑，不简单接受成说

即使是正确的结论也可以从质疑中取得收获，质疑是检验的过程，也是深入思考的过程。瓦特对着被开水冒出的蒸汽顶起的壶盖所产生的疑问，正是对每个人都已见惯了的现象提出质疑，思考便由此播种、生根、开花直至结果（蒸汽机的发明）。我们必须积极运用头脑，主动积极掌握知识，这是搞好学习的必由之路，也是培养"多思"习惯的主要手段。

### 二、深入学习，以学促思

学习没有止境，可以进行纵向的深入学习，可以进行横向的广泛学习。学习的越深入越广泛，思考就越深入越广泛。如果你学的只限于老师教的，那么的确不易引发积极思考，当学习的广度和深度上超出书本和老师讲授范围时，就不能不展开积极思考了，即使求助于他人，也定是在你思之不得的情况下；而且学习内容的加深和丰富，当然有助于你思考素材的积累，从而有助于思考的进行。王夫之说："学愈博则思愈远。"就是这个道理。

### 三、从培养和激发兴趣入手

兴趣是一种无形的动力，当我们对某件事情或某项活动有兴趣时，就会很投入，而且印象深刻。每个人都会对他感兴趣的事物给予优先注意和积极地探索，并表现出心驰神往。可以设想，如果你对某事物完全不感兴趣，怎么可能对它的问题展开积极地思维呢？必定会有意无意地避开它。而兴趣所在，思维也就活跃了；兴趣越广越浓厚，思维也就越积极越深入。爱因斯坦说："兴趣是最好的老师。"从激发思考而言，的确如此。

### 四、迫使自己去接触难事难题

难事难题是我们思维水平的试金石，也是开启思维大门的金钥匙，在这种状态下，人的思维能力被高度激发，坚持下去会有令人惊喜的收获。曹冲称象就是著名的例子。

### 五、求新求异求活

千篇一律自然显得俗气，所以将脑子动一动，或许一个新的想法会掀起一股潮流。如写作文时某一标题大家都会怎样去写，那么自己就不应该人云亦云，务必启动脑筋写出新意来，其他学科中也可如此。角度一变，眼界为之一开，既显示出自己的独到之处，又锻炼了思维。

### 六、积极促进自己思考习惯的形成

没有两个人的想法是完全相同的，也没有一个人的想法是毫无破绽的，我们要积极建立起自己的看法。如对某些社会现象形成自己的看法，如搞某一活动力图有"创意"不雷同，如在辩论等斗智巧辩的场合里强化反应能力，等等。"留心处处皆学问"，这句话对我们培养思考习惯来说也是适用的。

实际上，对勤于思考习惯的训练培养还有许多途径，但不管怎样，都需要我们有锻炼思考的强烈动机和持续努力，才能落到实处、取得实效。

## 要想培养和发展自己的创造性思维怎么办？

创造性思维是思维发展的高级阶段，是在我们已有知识经验的基础上，重新组合产生新的前所未有的思维结果，并创造出新的有价值的产物。人们的创造活动离不开创造性思维，一切的文明成果记录着创造性思维。同学们身处当代社会高速发展的时代，更有必要从现在起努力培养自己形成和发展创造性思维，造就自己成为创造性人才。

要培养创造性思维，我们先来看一下它具有的特点：思维的主动积极性，思维过程中发散型思维的突出性，思维结果的新颖性和效用性，高度的想象力特别是创造想象的参与等。这些认识有助于我们培养创造性思维。

## 一、扩大知识面，运用补偿思维

广博的知识，是创造性思维的基础，主动向知识宝库索取，尽快掌握更多学科的知识，将有助于抽象、推理、想象、类比、联想等思维过程的实现。但一个人的知识是有限的，要利用其他知识调整和补偿自己在知识结构中的薄弱处和空白点，这就是补偿思维。其办法有两个：一是善于识己所短，避短扬长；二是求教别人与请求帮助。在创造发明史上，运用补偿思维取得成功例子很多。爱迪生、富兰克林等学历低，但有很高的创造力，他们就是善于用其他知识来弥补自己的某些不足。

## 二、激发学习动机，培养浓厚的学习兴趣和求知欲

这是发展创造性思维的必要条件和动力源。它使我们积极投入学习，积极开展思维，对问题乐于钻研和思索；它使我们不是被动接受而是主动探求，不是满足于现成结论而是试图有所发现有所创造。无数的科技成果就是在科学家主观上强烈的研究动机、乐此不疲的兴趣和对求知欲的不断满足的过程中产生的。

## 三、积极培养集中型思维和发散型思维

集中型思维是综合多种信息朝着一个方向，导出一个正确答案的思维过程，主要通过训练自己的抽象概括、判断推理能力而实现；发散型思维是朝着许多个不同方向，探索多种可能性答案的思维过程，主要通过老师提问和自我提问、一题多解的练习、摆脱定势的干扰以及短时间拿出大量观点的强化训练法等多种形式来培养。如到某地不识路应如何想办法既快又准确地到达目的地，便有多种选择，就需要发散型思维来解决。我们应特别注重培养发散型思维以利于探索、创新。

## 四、善于提出问题，把自己置于问题之中

"提出问题是解决的一半"，当有了问题时，思维才因呼唤而被激发起来，在解决问题的过程中创造性思维才得以发展。虽说现在只是学习而不是科研，但提问同样很重要，因为它是揭示和解决我们个人的未知的途径。要勤提问，在预习、上课、复习、作业、考试时等都要勤于思考而且给自己提出问题，进行钻研；要敢于提问，又要善于提问，问题不能是简单再现的、混乱不清的，而应是经

深入思考的、具有启发性的、抓住核心和关键的。这样，我们的学习就不是"记忆学习"，而是"发现学习"这种创造性解决问题的学习方式了。

**五、运用正确思维方法，坚持独立思考、长期思考**

打破习惯性思路的束缚，以乐观稳定的情绪状态去准备迎接创造性思维的关键——灵感的产生，并把握住灵感。

## 学习中遇到疑难总想绕着走怎么办？

《西游记》中，唐僧四师徒路经火焰山受阻时，猪八戒提议改道而行：南方、北方、东方都无火，别去西方了。可是佛经在西方啊！当然最后还是孙悟空三借芭蕉扇扇灭火焰山的大火（克服了困难），才得以继续西行取回真经。这则故事对我们的学习以至未来的事业都是很有借鉴意义的。孙悟空与猪八戒，同学们会选择哪一个做榜样？答案应很明显。但是实际生活中，我们一些同学总存在着一种畏难情绪，常常一遇困难首先想回避、绕开而不去解决它，久而久之在这门课、那门课上累积的疑难已变成了"拦路虎"、"火焰山"，再也绕不过去了。

怎样使自己克服畏难情绪搞好学习呢？

**一、思想上告诫自己，理智上要求自己**

任何一门课总有难有易，逢难必退将使我们学不好每一门课程。除非不打算完成学业，否则非下决心解决畏难情绪不可。思想、理智上强烈的自我意识、动机要求是解决畏难情绪的前提条件。自信是战胜畏难情绪的有力武器。当自己出现畏难情绪时，首先，可以通过积极的心理暗示，坚定自己战胜困难的信心。如"这个问题难不住我"、"我就不相信自己解决不了它"、"我一定不能懒惰"、"再难的内容我也要记住它"等。遇事多给自己鼓励，试对着镜子里的你说："我行，我很棒！"或对着镜子里的你，或对着一个空板凳（假如是你在那里）进行一番开导和鼓励，你会发现你自信倍增。还可以通过纵向的比较，看到自己的变化，发现自己的进步，从而坚定信心。

**二、先突破一点，以点带面，逐步消除畏难情绪**

作为学生，对各门科目的喜好程度总是不一的，就选你比较喜欢的科目为突破口；在某一科目中，有极易、稍难、较难、极难等层次，就选稍难为突破口。因为这两者的选择可使你的心理适应性较好、需克服的难度也能接受，取得成功后，本科目继续深化，同时向其他科目扩展。重点难点，力求在课堂上解决。理科的一些课程，一定要掌握原理，从源头上理解和掌握学科知识。研究自己做错的题，举一反三，找到解决问题的对策。做练习，要精选，不可贪多求全。要知道有目的的练题加上善于总结反思往往可以产生出能力，让你做题事半功倍。在学习中你要注意培养自己的能力，诸如理解能力、阅读能力、迁移能力、概括能力、创新能力等，能力提高了，许多问题就可以迎刃而解，这样自己面对的困难也就少了。文科的一些课程，要懂得化整为零，增强计划性，做到水滴石穿。学习方法没有固定的模式，因人而异，需要自己在学习的过程中不断地摸索。只有总结出适合自己特点的方法，才能找到出路。

### 三、用正面刺激强化消除畏难情绪的行动

同学们都不愿不如别人，那就由此激发自己的自尊心、自强意识。应该对自己开始克服畏难情绪后的每一个进展予以充分肯定，受到鼓励后强化它，更进一步取得新进展。

### 四、要克服畏难情绪

也不能只是自己硬着头皮"啃"，可以寻求老师、同学的帮助，也可以找他人带自己先把前面累积的困难解决掉大部，还可以在解决疑难中吸取他人的学习方法。只要不是他人包办代替而是以自己为主，融入自己的努力、真正是自己的收获，那就都是可以允许的，都是有助于自己尽早解决实际困难和消除畏难情绪的。

总之，不论就中学时期知识学得扎实而言，还是从为了将来准备良好心理素质而言，畏难情绪都是必须消除的，经过自身思想、行动上的努力也是完全可以消除的。愿你是一个知难而上的强者！

## 感到学业负担太重怎么办？

在学校和家庭往往以成绩来评判学生优劣的情况下，很多学生都感到莫名的压力。一些心理素质不太高的同学往往感到学业负担太重，对自己能否学好各门功课失去了信心，最终影响其学习的正常进行。如何减轻学业的压力呢？可以试试下面几种办法：

## 一、热爱生活和学习，树立正确的人生观

一个人从求学开始就需要培养自己永远进取、自强不息的精神。被动的学习必然会导致学业负担加重，而变被动学习为主动学习，并能从学习中感到乐趣，即使学习中遇到挫折和失败也能乐观对待，找出原因，改进方法，就一定可以学好。

## 二、要遵循实事求是的原则，制定恰当的目标

目标太高了，总是实现不了，就会产生自卑心理，以为自己太笨，这也不行，那也不如别人。每一个人都有自己的实际情况和特殊性，应该根据自己的实际情况客观地分析自己的现状，比如看看自己的强项是什么？弱项是什么？在保持优势科目的前提下逐渐提高弱项。

## 三、要和学业好的同学交朋友，并多和老师交流

如果在我们的身边有许多勤奋好学的同学，我们一定会从他们身上汲取前进的动力。学习遇到困难时我们可以向他们或老师倾诉心里话，求得真诚的开导和帮助，以减轻心理压力。

## 四、培养广泛的兴趣，适当放松自己

凡事过犹不及，要知道整天埋头学习效果未必好，只能让自己的紧张情绪更严重，而且也会让自己觉得被学习压得喘不过气来。业余要安排好生活，如外出散步，借助美丽的自然景色，陶冶情操，开阔胸襟。可以开展一些文体、绘画、书法等方面技能的锻炼，在充实和丰富自己的业余生活的同时，也帮你转移了目标和分散了注意力。

## 五、用笑来忘却烦恼

当作业多、考试多或者成绩不理想时，多笑一笑，和同学逗逗乐，说一些幽默的话，可以使紧张变为轻松。成才的路有千条，学业的好坏也绝不是评判人高低优劣的惟一标准。多给自己宽心，给自己打气，暂时不行并不能说明以后不行，很多名人开始读书的时候也并不很出色的。

## 六、掌握正确地排遣悲观情绪的方法

"大雨过后有晴空"，如果压力过重，就想办法宣泄出来，方法有两种：①理智性的合理宣泄。如对自己的好朋友或父母诉说心中的委屈和痛苦，或记日记，让心中的苦水顺笔端

流泻出来。②情感性的合理宣泄。据说，美国某任总统的办公室设一满装细沙的沙袋，每当总统大人怒不可遏之时，便挥舞双拳猛揍沙袋。我们不妨照此办理，在感到压力过重时，可在适当场合，大哭一场，任泪水横流；大叫一番，任怒火喷发。之后回归平静，或许此时的你会感觉舒服许多。

俗话说，"条条道路通罗马"，在我们求学的道路上，每一个青少年学生都应该轻松愉快地去学习，在知识的天地里自由翱翔。"山重水复疑无路，柳暗花明又一村"，即使遇到失败也不必背上沉重的包袱，相信自己成功的那个时候总会到来。

## 学习缺乏自制力怎么办？

学习最怕的是没有自制力。缺乏自制力的同学往往会因贪玩而把学习的事情忘得一干二净，尤其是写作业。所以说，培养自制力至关重要。但是，自制力的培养绝非一朝一夕的事情，要首先从点滴小事做起。

### 一、永远不给自己找借口

制订合理的学习计划，并严格遵守作息时间，适当地放松是非常有必要的，但是，在放松之前务必给自己一个时间限制，不要为了延长玩耍的时间而找出各种理由。倘若一开始就控制不了自己，则可以采用拖延法。也就是说，当你原本计划在某时预习明天的功课，而恰好你又想起你所痴迷的NBA球赛正在直播，这时，不要急不可待地冲到电视机前，而要努力克制自己，拖延八九分钟再去看电视。久而久之，就会养成严格按照计划行事的习惯。高尔基说："哪怕是对自己小小的克制，也会使人变得更加坚强。"陈毅元帅戒烟的事例对我们中学生来说一定会有很大的启发。陈毅元帅原来烟瘾很大，几乎是一支接一支地抽。后来，当医生发现吸烟已严重危害他的健康并劝他戒烟时，陈毅真的就此戒掉了几十年养成的吸烟习惯。我们从中可以看到这需要多么大的毅力和勇气。

### 二、不要拖拉，马上行动

把一切阻碍你学习的理由全部清除掉，到了学习的时间，马上行动。倘若你一时半会儿还做不到这一点，就先想想不按时完成作业的后果吧，多想想这些，有助于刺激你马上主动去做作业。另外，也可以用一种自我奖励的办法来激励自己马上行动。比如写作业前，你可以想着做完作业就能去轻松地踢一场球，可以放开地看一部电影，可以愉快地逛一逛街……

甚至你可以给自己规定做完几道题后去吃一个你爱吃的冰激凌，作业全部完成后再去上一会儿网等。这样，会提高你马上行动的主动性和积极性。因为在你积极主动以后会得到某种满足感和成就感，而这种满足感和成就感是从你自己的行动中获得的，这会为你自觉主动地学习提供动力，从此不会只顾玩耍了。

### 三、抵制诱惑，培养自制力

青少年朋友一定要有约束自己的意识，并懂得在适当的时候对自己进行约束，培养自制的能力。面对诱惑，要用实际行动应对，别轻易就放纵了自己。一旦学习的时间到了，即使是玩游戏玩到兴趣正浓时，也要做到果断决绝，立刻将你正在玩的游戏抛开，稍做调整后，转入学习中。要知道，学习本身是可以给我们带来乐趣和成就感的，坚持的时间久了，习惯就会形成。

### 四、自我反省，自我谴责

所谓自责，就是自我责备，甚至是自我惩罚。如当你在困难面前想退却时，不妨马上责备自己这种思想，责备自己的无用和没出息。又比如，有的同学上课喜欢讲话，做小动作，这个时候不妨冷静地想想，为什么我总是这样，为什么我就不能集中心思

听老师讲课？在家里，可以惩罚自己不完成作业就不吃饭，不完成学习任务就不看电视、不上床睡觉，等等。这样就能维护自己的自尊心，从而战胜自己，管住自己。

总之，培养坚强的自制能力，不是一时半会就能形成的，而是要经过长期的艰苦努力，在平时的学习、工作和生活中逐步形成。只要自觉的养成了这种自己控制自己、自己管住自己的良好习惯，那就不会再因贪玩而把学习的事情忘得一干二净了。

## 学习时容易发困怎么办？

教师在课堂上，见有同学打瞌睡，思想上的反感是最强烈的：这位同学不遵守课堂纪律；这位同学求知欲不强；这位同学不尊重老师的劳动；难道老师讲得不好，听讲还不如打瞌睡？所以，有的教师，一时气愤不过，便大声将那学生喊醒，甚至罚站。这样，便影响了课堂气氛、师生感情和教学效果。

作为上课常打瞌睡的同学，真正理解老师的这片苦心，很有必要，也很有好处。应该认真严肃地自我反省一下，明确学习目的，树立远大理想，以增强自己的求知欲。求知，就要求师；求师，就要尊重老师的劳

动。严格遵守课堂纪律，珍惜课堂上每一分钟，努力用理智克制自己，振作精神集中精力听好课，才能打好坚实的学习基础。这是改掉上课常打瞌睡这一不良习惯的最根本的措施，也是最有效的措施。

此外，还可提供一些辅助性的措施，遏制上课常打瞌睡。

第一，同学上课打瞌睡，往往是对这门功课缺乏兴趣。兴趣，可以自然产生，也可以有意识地培养。端正学习态度，提高对学习这门学科重要性的认识，树立坚定的学习信心，有计划地多用一些时间和精力学习，只要入了门，兴趣也就产生了。

第二，上课打瞌睡，有时是同学对任课老师的教学方法、语言表达等不适应。要从求知必须尊师出发，全面地充分地肯定老师的教学，首先看到老师教学的长处，虚心求教，这样对任课老师的教学也就会很快适应的。

第三，同学在课堂上欲打瞌睡时，可以改变一下学习方式，由听老师讲，改为看、看老师所讲的那部分教材。认真地读，仔细地看，哪里看不懂，再去听老师的讲课，就有了听讲的兴趣。也可以由单纯听讲，改为边听边记，记老师所讲内容的重点。记，就需要动脑动手，需要组织概括，列清大纲细目。一动脑动手，睡神便被驱走了。还可以做作业，做这节课的练习。不会做，便会产生听老师讲解的要求。边做题，边听讲，一会儿便兴奋了。

第四，要保证充足的睡眠。人体不是永动机，长时间超负荷工作将使工作效率下降，因此，我们应做到劳逸结合、张弛有度。大脑皮层的神经细胞有自我保护功能。一旦活动超过限度，为了防止自身因过度劳累而受到损伤，大脑皮层便会自动进入抑制状态并停止工作。当劳累过度而想睡觉时，就不要强迫自己硬撑着看书，因为这样并不能达到好的效果，没有学习效率，且会伤害大脑，更可怕的是，长期这样下去，会形成条件反射，造成一拿起书就打瞌睡。

第五，睡前一刻钟不要看书。人的大脑都有一种分化抑制功能，它只对某些刺激做出反应。倘若你总是在睡前看书，甚至读着书本睡去，时间一长，就会形成不良的分化抑制，从此，便会拿起书就想睡觉。建议大家晚上看完书后，不要立即睡觉，而是做一些伸展活动和眼保健操，最后洗漱完毕，这些活动大约需要持续15分钟，然后就可以上床睡觉了。只有严格遵守作息时间，保证睡眠高质量，才能保证精力充沛，学习的时候才不会发困。

第六，在剧烈活动或情绪激动后

不宜马上看书。在剧烈活动或非常激动时，人的大脑皮质相应的控制中枢会处于兴奋状态，大脑皮层的兴奋中心无法马上从刚刚结束的剧烈活动或激动状态中转移到那些控制看书学习的有关部位上来，因此，这个时候看书学习，很难集中注意力，一旦强行维持，则会发困。

第七，加强课前预习。加强课前预习的目的是为了能够让你带着问题听课，这样，接收信息就会更主动，也会让你更积极地参与课堂互动。如此一来，将不会有困意。另外，如果真的很困时，不妨充分利用课间休息时间，趴在桌子上稍做休息或适量活动一下。

要特别注意的是，平时就应当加强主动学习的意识，培养学习兴趣，只有这样，才不会感觉学习是一件枯燥无味的事情，才不至于一学习就想睡觉。只要按照正确的方法进行调整，只要能够坚持，就一定会有成效。

## 学习时想着异性怎么办？

李宗盛演唱的《凡人歌》里有这样几句歌词："你我皆凡人，生在人世间"，"既然不是仙，难免有杂念"。

当然，这杂念不等于就是歹念，就是见不得人的丑行。作为一个身处学生时代的同学想到异性，是很正常的现象，并不是什么丑事情。不能把想异性或跟异性交谈了几句话就视为谈恋爱，不过，凡事都要有个限度，超过了限度，必会导致不良的后果。尤其是我们的学生，学习时就不能想着异性，因为正如俗话所说"一心不可二用"。

如果学习时想着异性，怎么办呢？

### 一、多找他（她）的缺点

学习时走神，想着异性，一般是想着对方的优点、长处，这时，不妨多挑挑他（她）的缺点。久而久之，自己就会对他（她）产生反感。试问：一个令自己非常反感的人，你会常常想着他（她）吗？

### 二、设想他（她）正在注视着你

当自己学习走神，想着异性时，不妨可以设想着他（她）正在注视自己、监督自己。为给他（她）留下一个好的印象，在学习时千万不能走神，以免让他（她）看不起。

### 三、把他（她）当做反作用力

假如学习时想着某一异性，不妨把他（她）当成好朋友或学习上的竞争对手。告诫自己如果改不了这个毛病，将会被他（她）骂成没出息。因为学习时注意力不集中，岂能有好的效果？学习成绩又岂能不下降？

### 四、不妨画出父母的眼睛

一旦学习走神，想到异性时，不妨画出父母的眼睛，放在文具盒里，不时地拿出来看看。想着父母的眼睛正在注视着自己，他们辛辛苦苦地供自己上学，是期待自己发奋学习，将来成为国家的有用人才。如果自己不争气，怎能对得起辛劳的父母呢？

### 五、迁移自己的想象

当学习走神时，可以从书上找出比较复杂的数学计算题来做，以便转移自己的想象力和注意力。

### 六、尽情地想象自己的未来

或许将来的某一天自己成了专家，对社会作出了突出贡献，而他（她）则一事无成。试想，为了实现自己的理想，为了将来有所成就，现在学习分神，是不是太不值得了？

## 不执行学习计划怎么办？

"凡事预则立，不预则废。"做什么事有了计划就容易取得好的结果，反之则不然。有没有学习计划对你的学习效果有着深刻的影响。防止被动和无目的的学习。毫无计划的学习是散漫疏懒、松松垮垮的，很容易被外界的事物所影响。好的学习计划，可以让我们合理利用时间，使生活和学习变得更有条理，从而使学习效率进一步提高。

但是，学习计划制订起来很容易，执行起来似乎有些困难。那么，到底如何才能确保坚持执行学习计划呢？以下几点建议应该对你有所帮助：

### 一、提高自觉性，时刻督促自己

我们知道，要想做到自觉其实并不难，只要你能够明确自己的学习动机，能够深刻认识学习目的，能够坚定不移地朝着自己的目标迈进，你执行计划的自觉性就会越来越强。是否具有执行计划的自觉性，是保证计划得以执行的关键。在主观上有了执行计划的愿望后，还必须采取一些客观的措施来进行自我约束和督促执行计划。这也是学习计划得以执行的关键因素。

### 二、不可有一次"例外"

执行计划时，一定要严格按照计划时间表来学习，因为计划是经过深思熟虑以后制订的，不能因一时的想法而改变。不要给自己"例外"，一次都不行。有第一次，就会有第二次，长此以往，计划就白做了。不要给自己"计划赶不上变化"的借口，要培养自己的意志力，长期坚持，不能原谅一次"例外"。计划好比拦截享乐欲望的大坝，不能有一点缺口。一旦有了缺口便再也不好堵上，所谓"千里之堤，毁于蚁穴"，就是这个道理。

### 三、加强对计划执行的评估和检查

要时刻对计划的执行情况进行评估和检查，这样一来，自己可以更多地了解计划执行的得失情况，从而总结成绩，寻找差距。这不仅能够让我们从中体验到计划学习的甜头、激励我们进一步自觉地执行计划，而且还可以帮助我们发现薄弱环节，对学习计划进行及时而恰当的调整，从而做到对整个计划心中有数。

还可以从心理学的角度利用三种方法：

### 一、拖延法

当你此刻的计划是看书，你却想看一场球赛时，别急着冲到电视机前，拖延十分钟再做。当你急于想做一件事情时，甚至是急于发脾气时，别急，等几分钟再做。这几分钟可以让你冷静地思考，以便降温。

### 二、奖励法

就是自我奖励。同学们在每一个小计划完成后，不妨给自己一个小小的奖励措施：做完这两个小时的题，我奖励自己20分钟时间打篮球；完成今天的计划，我给自己买一个可口的冰激凌；等等。我们在这里始终要强调满足感、成就感，只有从自己的行为中得到满足，获得成就，才能自觉主动。

### 三、想象法

本来是要看书的，突然有了诱惑。怎么办？做决定之前，不妨先想象一下：如果我今天把这个计划完成了，我该是多么高兴，当我晚上睡觉时，我会很满足，我会为自己今天战胜诱惑的行为而高兴。如果我每天都能这样坚持我的计划，高考时我一定会考入理想的大学。相反，再想想，如果我放弃了计划，我虽然能获得一时开心，但是，开心过后，我不会后悔吗？我不会内疚吗？完成计划与放弃计划，哪个我会获得更多、更久的快乐？我真的想做让自己失望的人吗？

# 不想掌握繁杂琐碎知识怎么办？

各科学习中都有一些知识是繁杂琐碎的，如：语文中的字、词、古文、文学常识等，英语中的大量单词、词组、某些语法等，数理化中的众多公式、定理、方程式、分子式、反应式等，史地中的大量时间、地名、人物、事件、气候、资源、产业等。可以说每一门课都有这些部分，而且每一门课的完整结构都离不开这些部分，偏偏这些东西掌握起来不是那么容易。于是有些同学表现出厌烦的情绪，只掌握那些一听就明、一记就会的知识，而对这些细碎繁多的知识"敬而远之"，始终不愿去掌握，从而影响了自己的学习。如何克服这种好简怕繁的情绪呢？

## 一、用理智的态度促使自己刻苦学习

我们的行动受头脑支配，运用我们的头脑可以清楚地看到这些知识在各门学科中的分量和地位。细碎的知识很可能就是承上启下的关键，如果不掌握，就好像是在知识体系的腰上砍上一刀，使体系不成体系。如果一遇到这些就不愿记，越积越多，到时候真是"千疮百孔"。知识构不成系统，考查起来也是支离破碎，到时候就知道"巧妇难为无米之炊"了。既然掌握这些势在必行，那就得增强掌握这些知识的任务观、责任感、紧迫性。

## 二、立足于现在，强调当即掌握

当我们学到这类知识时，一见面就应该尽快熟悉它，上课时、课后当天就立即掌握它，以免日久生厌，变成"历史遗留"的"老大难"问题。要知道这类小知识是一些很重要的精华所在，所以要强调他们的重要性，让这种观念充斥自己的头脑，而形成"不掌握这些是不可以的"这样的思想。当然同学们也会有这种体会：有些事不假思索去做就完成了，而越拖则越可能做不成，我们应将这种体会运用于学习上。

## 三、将所需掌握的繁杂知识加以分解

上面已经提到这些零碎知识的重要性，所以我们在这些知识上花费一定的时间是绝对值得的。不能因为烦就把这些东西放到一边，因为内容一多，看着就"头更大"了。不妨将它们分解到课上记住一些、早晨和上学时、中午时、放学路上、晚上自修时等时间段各记住一些，就感觉比较容易办到。例如英语，每课单词、词组有十数个或数十个，将它们分解到每天、每个时间段里去努力记住，还能不掌握吗？可不能一股脑儿堆到考试前，那时对着一大堆生词、词组，只能傻了眼。

### 四、在娱乐互动中掌握这些知识

平时在课余时间或者自习课上，两三个同学可以结组来互相提问这些知识点。还可以拿这些知识进行比赛，看谁记得多，看谁记得牢，看谁记得快，看谁有方法，等等。这样一来，零碎的枯燥的知识就用生动活泼的方式记住了，轻松而又简单。

### 五、培养对各门课的学习兴趣

兴趣是最好的老师，有兴趣的东西一定容易掌握，能记得牢固。喜欢的科目的很多内容都自然能记住，这其实是兴趣的功劳；不喜欢的，内容简单也难记住，没有兴趣啊。因此，兴趣要好好培养。

除此之外，我们还要注意运用适当的方法和技巧进行知识的积累，还要注意养成良好的学习习惯，让掌握这些繁杂琐碎知识变成一种自然而然的事，而不是懒于去做的事。

相信在同学们刻苦的努力下，最终让掌握这些繁杂琐碎知识变得简单而轻松。

## 要想积累学习资料怎么办？

同学们因学习需要而收集的各种材料，包括课本、参考读物、报刊、图表、图片、图纸、调查统计报告、笔记、讲义、试卷以及其他有关的视听媒体等，通常称为学习资料。

下面和大家谈谈有关收集学习资料的问题：

### 一、学习资料的积累是一个长期的过程

俗话说"涓涓之水，汇成江河"、"一口吃不成一个胖子"。收集资料，应根据各人的特点、爱好和需要，平时处处留心，持之以恒。

### 二、学习资料的来源

学习资料无固定的来源，无论我们在什么地方发现，只要我们认为有用的，都可以成为我们的学习资料。如购买的图书、借阅的图书、亲友用过的资料、平时发的讲义、课堂笔记、作业、试卷、读书笔记、剪报等，它们既是收集的对象，也是收集的来源。当然，我们说一切有用的东

西都可以成为我们的资料，是就资料的内容而言的，并非是说可以随意将别人或公家的东西拿回家。对那些不能占为己有的资料，可采用复印或卡片摘抄的方式收集。

### 三、存放资料要有秩序

平时收集到的资料是散乱的，要使用方便，需作归类处理，如分为数、理、化、体育、艺术、文学、生活常识、旅行等，有条件的可设计一个小图书架，分类放置。对那些零碎资料，如讲义、练习题、试卷等，可以按时间、分阶段装在一个个材料袋中，如无材料袋，也可利用旧挂历自制。

### 四、积累资料是为了使用

有的同学不明确积累资料的目的，嫌课堂笔记不工整，为追求漂亮、好看，下课后将笔记又重抄一遍，结果占用了应使用笔记的时间，说明他还不懂得积累资料的目的。有一位学习成绩优秀的同学非常注意将平时学习或考试中做错的、感到困难或容易疏忽的题目，收集起来，隔一段时间再拿出来看看自己是否会做，这就是善于使用资料。如果将试卷等束之高阁，只收不用，也就失去了积累资料的意义。

### 五、积累资料要做到"四勤"

勤阅读：阅读是搜集资料的最重要的途径，"口不绝吟于六艺之文，手不停披于百家之编"（韩愈），持之以恒，必能采集到很多珍珠美玉，使自己的"资源宝库"蔚为大观。勤思考：一是经常想一想应该搜集哪些方面的资料，从哪里收集；二是在阅读、筛选时深入动脑思考，判断出哪些东西是有用的，是值得积累的，以后会用于哪个方面。经过这样去粗取精、去伪存真的分析工作，可使积累的资料有较高的质量。勤整理：经常对搜集到的资料加工制作，分类编排，以方便查阅。在整理过程中，还要对已失去价值的资料随时剔除，随时补充新的资料，使积累的资料如淙淙的小溪，常流不断，常滚常新。勤翻查：积累资料的目的在于运用，在于对学习有所助益。这样做有两点好处：一是学习资料内容提供的知识，扩大视野；二是加深对有关资料的印象，便于及时发现、挖掘资料的价值，及时把它派上用场，使"死"的资料"活"起来。

怎样积累学习资料，每位同学在学习过程中可以形成适合于自己的科学方法，不断总结一些好的经验，以上介绍仅供同学们参考。

# 如何提高学习效率

## 不会课前预习怎么办？

教育学家指出，课前预习会使我们发现疑难点，从而在大脑皮层上引起一个兴奋中心。这个兴奋中心就是高度集中的注意力状态，带着这个状态再去听课，就会取得很好的效果。预习是学习新内容的前提，是学习新内容的必经阶段，对提高学生的学习成绩大有益处。首先，课前预习有利于提高听课效率。由于预习中扫除了新课中大部分障碍，听课时就感到轻松，就可以把精力集中在理解和思考问题上。其次，课前预习有利于提高学生学习主动性，由于课前预习，学生记下新课中不理解，不清楚的部分，学生带着问题来听课，就会听得主动，学得灵活。再次，课前预习，可以培养学生的自学能力。课前预习学生自己独立思考，并试图理解新知识有时还查资料，动手实验，归纳总结，培养了学生自学研究能力。如果你能按照下面的方法做，你将会收到意想不到的效果。

### 一、定下课前预习的时间

通常情况下，预习应该安排在做完当天功课之后的剩余时间里，同时还要根据剩余时间的多少，来安排预习时间的长短。如果剩余时间多，可以多预习几科，预习时钻研得深入一些；反之，如果预习的时间较少，则应该把时间用于薄弱学科的预习。在预习过程中，要充分利用时间，不可分心浪费时间，应利用全部精力把预习做好。这样预习才会有好的效果。

## 二、迅速浏览即将学习的内容

通过浏览，我们可以大致了解将要学习的主要内容，弄清哪些内容简单易懂好掌握，哪些内容相对难掌握，从而使听讲更具针对性。对好掌握的内容我们在听课的时候只要加深一下记忆，对于那些不好掌握有一定难度和深度的内容，我们应该打上标记，在听课时仔细认真地听老师讲解，这样就可以使学习更有针对性和目的性，就可以大大地提高听课效率，避免精力的浪费。

## 三、带着问题进行阅读

在第一遍时没有读懂的问题，进行第二遍阅读时，一定要格外重视，头脑里始终要带着这个问题，深入思考。这时可以稍微放慢阅读速度，若依然有困难，就可以停下来，翻看一下前面已学内容，或查阅相关工具书或参考书，争取独立思考，找出解决问题的最佳途径，从而读懂那些原本没有读懂的地方。当然了，即使我们已经非常努力了，也总是还会有未能解决的问题，这时不宜勉强自己，以免花费太多时间。最好是将其记下来，等到上课时，认真听老师讲解，即可迎刃而解。

## 四、做好预习笔记

预习笔记分为两种：做在书上和做在笔记本上。做在书上的预习笔记，要边读边进行，主要是在教材上圈点勾画。也可以在书页空白处写上自己的看法和体会，还有那些没读懂的问题。做在笔记本上的预习笔记既可以边读边做，也可以在阅读教材后再做整理。主要是本节课的重点和难点部分的摘抄和心得；本节课所讲授的主要问题，以及所讲问题间的关联；预习时遇到的疑点和难点，自己对这疑点和难点的解决情况；所查阅过的工具书和参考书，以及那所查阅过的资料中有价值的部分的摘抄和心得。

## 五、预习应根据学科的不同特点而进行相应改变

什么事情都不能千篇一律，预习当然也不例外。不同的学科有着不同的特点，这些特点决定了各自的侧重点，因此，应当选择不同的预习方法。比如，对语文的预习，首先要先解决生字、生词，然后再对段落大意、中心思想以及写作风格、写作手法等进行分析。而预习数学时，则应当重点预习即将学习的数学概念和原理。

## 不会预习课文怎么办？

预习是培养自觉能力的一种有效方法。有了这个认识，预习便可能成为少年朋友们自觉的学习活动。

语文课预习的内容有哪些？最基本的要求是初步掌握课文内容，字、词、句、篇都可以预习。一般说来，语文老师会根据学生自学能力的基础，布置预习题，学生可以按预习题去预习。但如果老师不出预习题呢？自己给自己出也可以。不过，每次预习要有重点，不必面面俱到，样样齐全。而且要强调力所能及，要求过高、过急，自己反而会失去信心。

预习，最初是老师带领同学们在课堂内进行的，等同学们基本上养成了预习习惯，并具有一定的预习能力后，就开始了课内、课外交替进行。从课内学得一些预习的方法，还要在课外经常运用，才可能达到熟练的程度。

预习时要注意对照注释，还可以结合课文后面的"思考和练习"来预习。在课本的字里行间划杠、加点、圈圈、批注、打问号……不要怕把书"弄脏"，这是允许的，可以说是好习惯，"不动笔墨不读书"。预习笔记一般可包括以下项目：为生字词注上拼音，抄下课文中的格言警句、精彩片断，记下从课外书中抄来的有关时代背景和作者的资料，试着划分段落，试拟段落大意，还可写上自己归纳的中心思想，试做书上的习题，记下疑难问题，等等。包括课前必要的访问、参观、看图片等，也可以看做是一种"预习"。

预习的具体方法是：

### 一、标段

"标段"是预习的第一步，也就是在预习时，用笔在课文的每个自然段前面用阿拉伯数字标出序号，从而对文章有一种感性的认识，知道一篇文章是由许多个自然段构成，有的自然段由一句话构成，有的自然段由几句话构成。这种认识对阅读写作会有较好的影响，能懂得自己作文也可以这样安排段落层次，此外，在课堂教学活动中，可以直接向老师点明第几个自然段的什么地方有疑问，教师也能方便地向学生指出第几自然段需要注意什么等。有能力的学生还可以尝试写出段的意思，提高阅读能力。

### 二、圈字词

在完成第一步"标段"后，对照课后生字表中需要学会的生字，圈出，由于在课文中需要"学会"的生字和需要"会认"的生字无明显标志，这样用符号一圈就会明确哪些是要"学会"的，哪些是要"会认"的，在学习课文时会对自己圈出的字有所重视，印象也就比较深刻。这是低年级的预习方法，中高年级应在这个基础上圈出词语，并结合上下文，查字典进行理解。

### 三、找疑析难

在完成第一、第二步后，在再读课文的过程中，对不明白的地方用"?"在其右边标出，读完课文后，通过查工具书，找资料，与同学讨论等方法交流解决。实在不懂的，在上课时特别留心听讲，努力把问题弄明白，这样课堂效率就提高了。

### 四、画好词佳句

在再读课文的过程中，有些好词佳句对自己的思想有触动，有些能给自己以启迪，有的遣词造句恰到好处，给人以美感，还有些可以帮助自己正确、快速地理解课文等，在预习的过程中画出来。

### 五、尝试解决课后题

首先要弄清题目要求，然后找出和题目有关的课文内容，认真阅读、思考、想想答案。尤其是第一题往往与课文的内容、结构、人物、事件有关，是进一步解释课文的钥匙，自己解决的过程就是认真读懂课文的过程，不理解的地方上课时要特别留心。

如果每一课都能按上述的几个步骤进行预习，必定能加强自己对语言文字的内化吸收，训练了对语言文字的感受力，对读写能力的提高大有好处，自己语文能力也会有很大的提高。

## 听不懂老师讲课怎么办？

学生上课听不懂老师讲课，这可是大问题。这里的原因可能有很多，可能是老师的讲课方式有问题，也可能是学生丢下了课程。但无论如何也要解决，否则学习从何说起。其实上课听不懂老师讲解的内容，是一般同学在学习过程中大都碰到过的问题。遇到听不懂的问题，如何解决呢？

### 一、坚定自己的信念

有的同学尽管在现实中与周围同学确实存在着一定的差距，但是绝不能自甘落后，相信自己在老师和同学的帮助下一定会跟上大队。用这种不达目的誓不罢休的信念作为自己克服困难、跋涉前进的动力，注意时刻告诫自己，坚持下去，困难总能克服，绝不悲观失望。只有坚定这样的信念，才能让自己在心理上给自己大的动力，鼓励自己进取，最终赶上先进的同学，也才可以解决上课听不懂的问题。

## 二、加强基础知识

要懂得，自己上课听不懂的主要原因是基础不牢，那么在基础上要下工夫。在努力接受新知识的同时，制定复习计划，将老师以前讲授的内容分成知识点，像炸碉堡那样一个一个地攻克。这样，就会在不停顿的知识积累中领略从未有过的快慰并因此而不断激发求知欲，产生积极的能动反应。

## 三、养成勤学好问的好习惯

这点对于基础较差的同学尤为重要。要在一定的时间内大容量地接受知识信息，不虚心地请教老师、请问同学，扫除知识障碍是很困难的。要努力使自己进入那种勤学好问、求知若渴的境界。没有一个同学在学习中遇不到问题，有了问题不去追问，越积越多，最终将使听课变得困难。

## 四、注重学习方法的合理性

作为一个学生，谁都想让自己的成绩名列前茅。可是，要达到目的是很不容易的。在积累知识的过程中，学习方法的正确与否起着关键的作用。"三先三后"是在同学中用得比较普遍的方法，不妨勤用。"三先三后"即先预习后听课；先复习后作业；先思考后质疑。著名的教育学家黎世法教授用七年时间，在全国29个省、市、自治区对数以万计的中学生进行实验，总结出来的"最优学习方法"也可以认真学习使用。其精髓是："课前自学——专心上课——及时复习——独立作业——解决疑难——系统小结。"请同学们记住，任何一种学习方法的使用，都要持之以恒，长期坚持。

## 五、学习中要分清主次

基础较差的同学必须清楚自己花相当大的精力去巩固已学过的知识，目的是为了更好地撷取新知识。接受新知识是我们的主要任务，而复习和巩固是为了更好地接受新知识，否则，将长期陷入补旧求新的恶性循环中。

## 六、努力适应老师的教学方式

不同的老师有不同的教学习惯和教学方式，他们会针对大多数人而确定这种教学方式，可能会有一些同学不适应，所以上课时总是有听不懂的地方。那么这些同学就要多跟任课教师交流，并逐渐熟悉和适应教师的这种教学方法，以期达到更好的听课效果。

## 不会做课堂笔记怎么办？

作为一名学生，记课堂笔记伴随着学习的整个过程。它可以帮助我们理清听课的思路、抓住听课的重点，并且为日后复习提供方便，更重要的是它能使我们在学习时高度集中注意力，深入理解教师所讲的内容，从而提高学习效率。

### 一、在课本上记笔记可以选择如下方法

1. 符号笔记。就是在书上做记号，标明重点，提出疑问，引起注意。同学们可以选择一些自己熟悉的符号，如用"……"或"！"表示重点词句，用"？"表示疑问等。当然也可以用不同颜色的笔来标记不同的内容，如用红色标记重点，用黑色表示疑问。做符号笔记，符号种类不易太多，最好在做笔记前读懂整个内容，对难点、重点有一定把握，这样才能做得准确。

2. 批语笔记。就是将某部分的要点、疑问或补充记在书的空白处。如对数学定义、定理、公式的理解，对某些题目解法的概括等。做批语笔记要参照老师的板书或讲解来做，应有选择并要简明扼要、书写清楚。

### 二、在笔记本上记笔记的方法

首先各科笔记本要分开。有的同学做笔记非常随意，今天用这个本，明天用那个本；今天记书上，明天记本上，甚至一本笔记本上语文、数学、英语等各种科目应有尽有，最后笔记记得乱七八糟，到复习时东翻西找，影响到了学习效率。其次，课堂笔记用的纸张，每页上下左右都要留出一定的空白来，不要把一页纸写得满满的。建议把笔记的一页最好用一条竖线格式分为两部分。其中左面占1/3，右面占2/3。较大的栏内记老师讲的内容，较小的栏内记自己的想法、问题等。两栏内容之间要有对应，即老师讲的和自己想的针对相同章节的内容应在相同的行上，这样便于对照复习。

### 三、记笔记要注意的内容

记笔记要注意两种倾向：一是像"速记员"一样，一切都记；二是像看电影一样，一切都不记。笔记的内容一般有如下几个方面：

1. 重点、难点。在迎考方面，我们应相信老师都是有经验的，老师一再强调的知识点应着重注意，一定要记好、记全、记准。

2. 在预习时尚未搞清楚的易错、易混、理解不清或模棱两可的内容，

尤其是经老师讲解仍不懂的，更要记下来，课下再去请教老师或同学，你可以带着笔记本和笔请给你答疑的老师或同学直接在你的笔记本上写下要点、例句或典型例题，也可以边听讲解边记。

3. 记书上没有、老师补充的内容。这些内容往往是重要的考点，你可能因记下这些知识而取得优势。若有未记下来的内容要留出空位，以便课后补上。

4. 根据课型和讲授内容不同有所侧重。例如，讲解概念或公式时，主要记知识的发生背景、实例、分析思路、关键的推理步骤、重要结论和注意事项等；对复习讲评课，重点要记解题策略（如审题方法、思路分析等）以及典型错误与原因剖析，总结思维过程，揭示解题规律。

5. 记老师在黑板上列出的提纲、图解和表解。如果这个纲要与书上基本一致，则不必记，只要在书上勾画出来就行了；如果与书上不同，老师对本课的内容重新进行了组织，这种纲要应该完整地记下来，作为自己复习和总结时的参考。

### 四、记笔记要课后整理

由于课堂上时间比较紧迫，老师所讲的一些内容当时可能漏记，书写也许会很潦草，所以记笔记时，不要把笔记本记满，要留有余地，以便下课后，要及时对笔记进行整理、归纳、补充。这样既可以提高听课效率，又能使笔记干净整洁、有条理，还是一种很好的课后复习方式，使我们的复习更有针对性，从而收到事半功倍的效果。另外，在考试前要把所记知识横向联系，以使知识系统化。

### 五、注意提高书写速度

记笔记要注意提高书写速度，在笔记遗漏时，保持平静；要听记结合，听为主，记为辅；切忌抄别人的笔记；还要常用常新。

综上所述，在课堂上记笔记要耳听、眼看、脑想、手动。在听懂的前提下，对获取的知识信息通过大脑的思维，经过"选择—加工—归纳—浓缩—反馈"的过程，然后用手有重点地记录下来。记录的方法是多种多样的，我们可以在学习中逐步摸索出适合自己的方法，最终达到促进我们学习，提高学习效果的作用。

## 顾了听顾不上记怎么办？

"顾了听顾不上记"这种现象在我们有些同学身上是普遍存在的，这实际上反映了这些同学注意的品质之一"注意的分配"水平偏低。注意的分配是指我们在同一时间内，把注意指向两种或两种以上对象，同时进行两种或两种以上活动。上课时，我们的学习是眼看、耳听、手写、脑想综合活动的过程，这要求同学们能有很好的注意分配，还有其他一些场合、一些活动也要求我们能同时进行几种活动。

那么想提高注意的分配水平的同学应该怎样去努力呢？首先应该具备两个条件：

1. 同时进行的数种活动，只有一种是生疏的，其余活动必须是熟练的。这样才能把注意的大部分集中到较生疏的活动上，保证注意分配得较好。

2. 同时进行的数种活动最好能形成动作反应系统，以便注意分配得比较协调有效。

这样我们解决上课时顾此失彼的问题就相应有了下面这些方法：

1. 积极训练笔记技巧，达到熟练程度。中学阶段学习速记有一定难度，但可以适度简练省略。例如"段落大意"可记为"段意"、"中心思想"可记为"中思"、"社会主义现代化建设"可记为"社现建"；如果英语或汉语拼音较好的可以用字母缩写替代；数理化等科目中所学习的各种符号是记笔记时的宝贝，要大量使用以至熟练，对有些内容还可不必照搬上笔记，只需根据自己掌握的注明（如"见书·30·"）即可，办法可以说是很多。同学们应积极培养记笔记的能力，以便将注意分配较多地集中到听课理解上。

2. 经常主动地、有意识地训练自己听、说、读、写、思互相配合、协调运转的能力。凡事都有从生疏到熟练的过程，不能畏难，不能等待，要主动迎接、积极掌握，将一切课程都作为锻炼各方面共同反应以达到"自动化"程度的场合，还可在业余时间通过听广播、读报、看电视多方锻炼系统运转的能力。"功夫不负有心人"，相信其熟练度会越来越高的。

3. 如果确实存在较严重的听和记的矛盾时，应以听为主，然后补记笔记。上课时，知识主要是以教师的讲述（语句、语音、语调、语感）为载体传授的。老师在讲解时对重点和难点往往语感强烈、音调起伏，这时应该注意听讲，能增强对知识的理解和重视，如果忙着记就不易体会深刻。因听讲而笔记不全的，课后可进行补记，一是根据自己记忆补记，二是参照同学笔记补记，三是对照课本内容补记，四是也可向老师请教并补记，均可当做课后深化听课效果、深入理解知识的有益步骤。

总之，学习中遇到手忙脚乱、顾此失彼时，可先择其重点（如听课），当然以后要努力训练，使自己能较好地进行注意的分配。

# 听课效率不高怎么办？

学习是一种由浅入深、由表及里的渐进式认知过程，知识之间环环相扣，具有紧密的内在联系。所以，同学们在平时的学习过程中，不要只记忆核心知识，要一步一步进行深入的学习，充分掌握基础的概念、定理，每一个环节都理解到位，才能做到知识的融会贯通，运用自如。这就要求我们对课前预习、课堂听课和课后巩固这三个学习的关键环节都必须给予高度关注，做到有备而战，这样才能不断提高学习效率，逐步走向成功。

### 一、要养成良好的预习习惯

在预习过程中，通过认真阅读、积极思考，逐步树立问题意识，对书中叙述的概念、定律、定理、定义中有本质特征的关键词句尽可能仔细品味，初步理解其内涵，不时给自己提出一些问题，看出一些问题。一节内容看下来，哪些是有疑问的，哪些是难以理解的问题，这样带着问题走进课堂，一定能让你的学习事半功倍。

### 二、要养成良好的听课习惯

我们的学习离不开老师的传授和指导，课堂教学是学生学习科学知识、培养创新精神和实践能力的主要渠道。因此认真听课是同学们在学习中少走弯路，提高成绩的重要保证。在听课方面要抓住以下几个关键点：

1. 积极主动，步步为营。在听课中一定要克服消极等待的听课方式，要积极主动地学习老师讲授的知识，跟住老师的思路，大胆回答老师提出的问题，不要怕暴露错误。暴露问题是好事，在老师的指导下及时解决问题就是收获。对于数理化生这样的理科科目是循序渐进、积累性很强的科学，所以要步步为营，当堂的问题当堂解决，段段听段段清，不要欠账。

2. 独立思考，重在理解。在听课时，一定要把注意力集中到理解上，而不是在单纯的记忆上。要培养独立思考和解决问题的能力，没有经过自己认真思考和分析的问题，马上由教师来给予解决，会弱化我们的独立思维能力，会养成有问题找老师的条件反射，到考试时一遇到疑难问题首先就缺乏了自信心。听课的过程中，除了跟着老师的思路，对于同学提出的疑问，也要积极的思考，看看自己是否也有相同的困惑，或者能否回答这个问题，有机会可以主动给同学解答问题。

3. 分清主次，巧做笔记。许多家长和学生反映，在平时上课时，笔记记了不少，成绩却不理想，这种现象在学生中比较普遍。做课堂笔记固然重要，但首先要处理好记笔记与听课的关系，总的原则是以听为主，有选择性进行记录。如果记笔记就是把老师的板书都原封不动地照搬照抄下来，这样记笔记意义不大，又会把自己搞得很忙乱，最根本的是没有系统地听课，所以这种舍本逐末的做法实在是不可取。

4. 关注始终，整体把握。一堂课的开始，老师往往要把上一节课的主要内容进行复习和提问，同时又通过设计相应的问题引出本节课的内容，既起到了温故知新的作用，又为本节课创设了情景，同学们应紧紧跟着老师的思维，进入听课状态，做到先入为主。一堂课的最后，老师往往要把本节课的主要内容做总结，让我们明确重难点。所以对于一节课的开头和结尾千万不要忽视。

5. 学科差异，有的放矢。不同学科有不同的知识结构和知识体系，因此，在学习时就需要有不同思维方式和学习方法。众所周知，文科更侧重的是人文和广博，而理科追求的是科学和严谨。具体到每一个学科还有很大的不同，例如语言领域的语文和英语，逻辑性较强的数学，实践性较强的物理、化学和生物，他们都有一些相似的地方，但又都有各学科自己的特点，这就要求同学们在听课的过程中，不但要领会教师的教学内容，要想取得真经，更重要的是要跟住老师的思维，从老师对问题的呈现方式上，对例题的讲解上，去感悟学科的思维特点和规律。

## 上课时注意力总是不集中怎么办？

注意力对我们每个中学生来说是非常重要的。有许多事例证明，在上课或在自学时，注意力是否集中，对学习效果是有很大影响的。一般来说，注意力集中的，效果肯定较不集中要好得多。上课时，如果注意力老是不集中，该怎么办呢？要解决这个问题，有必要了解注意力的有关知识。

注意力是指人的心理活动对一定事物的指向和集中的能力。指向性和集中性是注意力的两个特点。指向性显示出人们在认识事物的过程中，并不是把当时所有刺激物都作为自己认识的对象，而是有选择地将一定的事物作为认识的对象，例如上课时，学生注意听课，他的心理活动就指向老师的讲述。集中显示出注意不仅有选择地指向一定的对象，而且相当长久地坚持指向这个对象。如专心听课的学生，他的心理活动不是指向当时对他起作用的一切刺激物，而是只指向老师讲的内容，并且长时间地指向这些内容，排除一切局外因素的干扰。我们常说的"注意力不集中"、"上课不注意听讲"，并不是说我们的注意没有指向性、集中性，其实是说，学生听课时的心理活动没有指向当时应该指向的对象，没有集中在当时应该注意的对象上去。

由上可见，容易导致注意力不集中的原因主要有：

1. 注意的目标不明。即指向性不明确或者说注意力没有指向应该指向的对象。

2. 对所上的课没有兴趣，难以集中注意力。

3. 外部环境的干扰难以抗御。

要想集中注意必须做到：

## 一、注意培养对所上课目的兴趣

只有我们对所上课目产生一定的兴趣和爱好，才可能去关心它、注意它、了解它，才能使自己的注意力被吸引。把自己的注意力指向和集中于我们所感兴趣的事物上，以做到专心听讲。

## 二、明确上课的目的性、重要性

只有明确了目的性、重要性，才可能自觉地培养兴趣，也才可能有意识、有目的地将注意力指向某一特定的对象，排除其他事物的干扰。例如我们明确了学习的目的性和重要性，就会把自己的注意力集中在与学习有关的事情上，同时也会自觉地去排除各种干扰，把注意力集中于学习。一般地说，学生对学习目的性和重要性认识越清楚、深刻，其意志就越强，注意力也越能集中。

## 三、排除各种外部干扰因素

1. 进行必要的心理暗示。如通过语言、指令等各种暗示来唤起、转移、加强、巩固和调节自己的注意力，使之恢复到应该指向的对象上；时常检查自己的注意力是否集中在应集中的对象上，并及时调整、巩固等。

2. 少参与或不参与和学习无关的活动。如家庭经济往来、社会活动；不做有影响或有害于学习的事，以免分心，分散注意力。

3. 积极参加班级和学校的建设和管理，为学习创造良好的环境。

## 四、养成良好的睡眠习惯

一些同学因学习负担重，一到晚

上便贪黑熬夜，有的同学甚至在宿舍打手电筒读书，学到深夜；有的同学不能按时睡眠，在宿舍和同学闲聊，等等。结果早晨不能按时起床，即便勉强起来，头脑也是昏沉沉的，一整天都打不起精神，有的甚至在课堂上伏桌睡觉。作为学生，主要的学习任务要在白天完成，白天无精打采，必然效率低下。所以，如果你是"夜猫子"型的，奉劝你学学"百灵鸟"，按时睡觉按时起床，养足精神，提高白天的学习效率。

### 五、学会自我减压

学生的学习任务本来就很重，老师、家长的期望，又给同学们心理加上一道砝码；一些同学自己对成绩、考试等看得很重，无疑是自己给自己加压，必然不堪重负，变得疲惫、紧张和烦躁，心理上难得片刻宁静。因此，我们要学会自我减压，别把成绩的好坏看得太重。一分耕耘，一分收获，只要我们平日努力了，付出了，必然会有好的回报，又何必让忧虑占据心头，去自寻烦恼呢？

总之，导致注意力不集中的因素是多方面的，只要做具体的分析，有针对性地加以解决和克服，是能够改变这一现象的。

## 上课不专心听讲怎么办？

上课时，老师总是按照自己的节奏来讲解，学生如果跟不上，就会让听课的效率大打折扣，甚至白白浪费上课的时间。这个道理谁都明白，但是上课听讲不专心的现象还是非常普遍，甚至可以说每个孩子都曾有过上课开小差的经历，区别只在于走神时间的长短和次数的多少。课堂上专心听讲是提高学习效率的前提。你能做到专心听讲吗？如果不能，请参照下列几点：

### 一、要端正自己的心态

不少同学认为老师所授的课堂内容是照本宣科，毫无创意，因此，是没有用处的，听了也是浪费时间。其实不然，老师讲的都是课本上的重点和难点，这些不会像故事那样生动。所以很多同学在教学的过程中，总免不了会感觉枯燥，这时，你应当调整自己的心态，不要过早作出消极的判断，而应当用积极的态度去接受它，一旦你本人的态度积极了，在听老师讲课时，你就会感觉越来越生动。

### 二、边听讲边做笔记

一项科学研究表明，人的大脑不

可能总是时刻保持聚精会神的状态，一堂45分钟的课，你能够集中精力20分钟的时间就是非常不错的表现了。当然，这并不是说，剩下的那25分钟我们就可以彻底放松而不必听课了。我们应该充分利用这个开"小差"的时间。既然注意力已经没有那么集中了，那就开始动手吧，做笔记，或在书上、卷子上标出一些重点知识，及时记下老师讲的内容。这样，就不至于使精力无法专注的时间白白流逝。值得注意的是，笔记应当记得比较简略，只要你本人能看懂就可以了，千万不要因为只顾着记笔记而耽误了听课。

### 三、边听边想

仅仅把老师讲的知识听进去是远远不够的，还要争取把这些东西弄明白。不能一个耳朵进，另一个耳朵出。要边听边想，想想这是为什么，这些与前面已学的知识点是否有联系。

### 四、要勇于回答老师的提问

在课堂上，每一个同学都可能被老师提问到。老师这样做的目的，一方面是为了提高学生的注意力，另一方面也是为了检查学生对知识的掌握程度。老师的课堂提问，有的是要求由某一位同学回答，有的是要大家一起回答。当让你单独作答时，不要紧张，把自己对所学知识的理解表达出来就行了。而当老师要求大家一起作答时，你也不要偷懒，要一起回答，不要有这种想法："大家都在回答。多我一个也不多，少我一个也不少。我只管听就行了。"事实上，在跟大家一起回答问题的同时，你的注意力更加集中了，并且，这也会使你对该题目的正确答案加深印象。倘若，一味闷头听别人的回答，自己不去积极参与，往往容易走神。

### 五、抬起头来听课

"埋头苦读"是必要的。但是也不能总是这样，因为"埋头"还可能导致另一种状况的发生，那就是"发困"。有时候，当你听着听着课，感觉有些困意，就想趴在桌子上闭着眼睛听一会儿，结果，你不但没有听进老师的课，反而把老师的讲课当做了催眠曲，不久就睡着了。要想杜绝这种现象，就要抬起头来听课，睁着眼睛看黑板或看老师，这样不仅能够打消困意，还能够使注意力更加集中。

## 不会课后复习怎么办？

人学过的知识与方法很可能被遗忘，要想牢固掌握，并形成能力，就必须科学而有效地进行复习，以期达到温故知新的目的。复习有章可循。我们在复习的过程中务必做好以下五个环节：

## 一、课后及时回忆

遗忘曲线表明，遗忘进程是先快后慢，遗忘在识记时就开始了，据统计20分钟后即已遗忘41.8%，如果时间过长，遗忘得差不多时才复习，那就几乎等于重新学习。所以课堂学习的新知识必须及时复习，课后把新知识回忆一遍，它具有检验效果的作用。也有人把课后回忆叫做"过电影"。如果顺利回忆，证明效果好，反之就应寻找原因，改进听课的方法。及时复习是一种积极主动的活动，需要高度集中注意力，把学过的知识在头脑中"再现"一遍，从而巩固所学知识。可以一个人单独回忆，也可以几个人在一起互相启发，补充回忆。

## 二、定期重复巩固

俗话说"今日事今日毕，一周一复习"，要想牢固掌握方法，记忆知识，就必须经常定期复习。根据认识规律，克服遗忘，即使是复习过的内容仍须定期巩固，但是复习的次数应随时间的增长而逐步减少，间隔也可以逐渐拉长。从时间的安排上看，可以当天巩固新知识，每周进行周小结，每月进行阶段性总结，期中、期末进行全面系统的复习。从内容上看，每课知识即时回顾，每单元进行知识梳理，每章节进行知识归纳总结，必须把相关知识串联在一起，描绘知识结构，形成知识网络，达到对知识和方法的整体把握。

## 三、科学合理安排

复习一般可以分为集中复习和分散复习。实验证明，分散复习的效果优于集中复习。有的人为了快速掌握知识，急功近利，有时连续或间隔较短时间进行一次一次的复习，不仅效果不明显，甚至还会影响情绪，形成焦虑，打击信心。如果属于特殊情况，需集中复习，应高度集中注意力，排除杂念，积极复习，而不是消极应对，也可以收到不错的效果，但过一段时间仍需重复回顾才能掌握。分散复习，可以把需要识记的材料适当分类，并且与其他的学习或娱乐或休息交替进行，不至于单调使用某种思维方式，形成疲劳。分散复习也应结合各自认知水平，以及识记素材的特点，把握重复次数与间隔时间，并非间隔时间越长越好，时间太长，容易造成遗忘，影响复习效果，这些需在不断的实践中体会出更为适合自己的复习规律。

#### 四、重点、难点突破

对所学的素材要进行分析、归类，找出重点、难点，分清主次。不能眉毛胡子一把抓，盲目复习一切内容，结果会增加复习负担，影响复习效果。知识都是有自身体系及其内在规律，如果把握了重点，有些次要的内容就会迎刃而解。在复习过程中，特别要关注难点及容易造成误解的问题，应分析其关键点和易错点，找出原因，必要时还可以把这类问题进行梳理，记录在一个专题本上，做成"困惑集"。现代教育技术非常发达，我们可以利用现代的手段协助突破重难点，也可以在电脑上做一个重难点"超市"，可随时点击，进行复习。

#### 五、复习效果检测

随着时间的推移，复习的效果会产生变化，有的淡化、有的模糊、有的不准确。到底各环节的内容掌握得如何，需进行效果检测，如周周练、月月测、单元过关练习、期中考试、期末考试等，都是为了检测学习效果。检测时必须独立，限时完成，保证检测出的效果的真实性，如果存在问题，应该找到错误的根源，并适时采取补救措施进行校正。

## 不会复习语文怎么办？

语文的学习伴随着我们的整个学生生涯，无论你的兴趣在哪个方面，都必须得学好语文。而学好语文，很关键的一点是搞好复习。如何复习才能最见效呢？一起来看看以下方法：

#### 一、经常阅读课文

阅读课文是复习语文的第一步，通过阅读，把握全文大意，了解作者所要表达的中心思想以及文章的特色等。课文的类型不同，要求的读法也有区别：课本中的精读课文必须要精读，其中字、词、句等知识点都要全方位掌握，对于那些要求背诵的段落，一定要熟练背诵，而一些没有要求背诵，但是也很精彩的语句、段落也要尽量能够背诵，至少要熟练阅读；而课本中的自读课文则应泛读，甚至还有一些需要跳读，也就是浏览，要一目十行，这主要是锻炼阅读速度。

#### 二、勾画出疑点、难点和重点

在阅读课文的同时，要随手勾画出文中的中心语句、重点语句、名句以及生字词，用不同的符号把这些勾画标注出来，不仅可以加深印象，而且方便以后的复习，能够一目了然。

当你读到一些规范的句子时，干脆顺手划分出句子成分来，如果遇到复句，还需要标明关系，最后把典型段落的层次进行划分，并归纳主旨。

### 三、多使用工具书

学习语文，字典、词典、参考资料等工具书不可少。要学会并善于利用工具书。因为查找工具书的过程也是一个强化记忆、巩固知识的过程，也便于探索学习方法和学习规律，同时，还可以提高运用工具书的能力。

### 四、勤学还须好问

"三人行必有我师。"在复习的过程中遇到了疑难问题，经过一番独立思考仍未解决的时候，就要问别人。问并不是放弃，而是换一种更好的方法。有时向老师或同学请教一个问题，你可能得到的不止是这一个问题的答案，还很可能会得到更多相关的知识，从而实现知识的融会贯通。

### 五、养成随时动手记的习惯

俗话说"读十遍不如写一遍"。相信很多同学也有切身体会。比如背诵课文，边读边写肯定比只读不写要背诵得快。手脑并用，才能最大限度地提高学习效率。你有过这种情况吗？不管是平时学习还是考试，往往会写错一些常用的字词。知道这是什么原因吗？告诉你，这是因为缺少动手写的训练。对于那些生字词和重点、难点语句，不妨在理解的基础上反复写。

### 六、多做练习题

做练习题不仅可以巩固知识，还可以检验自己对知识掌握的程度。在做练习题时，一定要弄清楚考题的意图，并时刻注意归纳总结规律，学会触类旁通，只有这样才能提高学习效率，增强应试能力。做练习题，要注意既要在老师指导下进行，也应保持自觉。虽然我们不提倡"题海战术"。但是我们也必须明白，倘若不做大量的练习题，做题质量必然很难提高。只有练习了，我们才能找到自己的不足之处，才能对自己的不足之处进行及时的反馈和矫正，才能最终牢固掌握所学的知识和技能。

这些方法看起来都非常简单，只要你做，就一定可以做到。反之，光说不练，方法再简单也办不到的。因此，充分合理地运用你的闲暇时间，持之以恒，你就会得到回报。

## 不会复习数学怎么办？

对于学生来说，数学的复习内容多，时间短，不知从何下手。我们经常听到学生抱怨："老做题，我都做糊涂了。"学生的上述反映说明了复习课存在的两大误区：一是复习的内容是"老调重弹"，把复习课看成了补课；二是复习的方法是"题海战术"，把复习课上成了习题课。要想把数学学好，就必须把复习搞好。复习数学最好按照以下几个步骤来进行。

### 一、善于转化章节复习

通常情况下，大家在进行章节复习时，总是会按照课本顺序把学过的知识，如数学概念、法则、性质和公式等原本地复述一遍。其实，这样效果并不好，多数同学都会感到这种做法乏味，并且不利于理顺知识的头绪，更不要说记忆了。鉴于此，我们可以换一种方法，首先对章节知识归类编码：先把全部需要复习的主要知识点列出来，然后进行归类，最后用数字编号。这样便于你明了本章节所学的知识要点。

### 二、善于变化例题讲解

复习课例题应选择那些最一般、最具代表性和最能说明问题的题目，能够突出教材的重点，反映"大纲"中最主要、最基本的要求。在对例题进行分析和解答后，应注意发挥例题以点带面的功能，有意识地在例题的基础上进一步变化，深入挖掘问题的内涵和外延，从而把平日所学的零散知识系统组织起来，以便形成良好的知识结构。

### 三、善于优化解题思路

"一题多解"有利于你沿着不同的途径去思考问题，并会由此产生多种解题思路。而多种解题思路又会促使你找出新颖独特的"最佳解法"。因此，在复习数学的过程中，一定要注意题目解法的多样性，不要做出题来就万事大吉了，而要动脑筋想想是否还有其他解法，开阔思路，一旦找到另外的解法后，再与开始的解法进行对比，从而提炼出最佳解法，这样才能优化我们的解题思路。

### 四、善于把习题归类

根据考察同一知识点的需要，可以从不同的角度，结合不同的数学模型作出多种命题。因此，可以将习题分类归纳，并集中力量解决同类题中的本质问题，总结出解这一类问题的方法和规律。

通过这样的归类训练，你就能够聚集相关联的同类题，并能分析异同，把知识从一个问题迁移到另一个问题上，从而举一反三、触类旁通。

## 复习抓不住要点怎么办？

复习中，我们常可看到一些同学因对知识要点心中无数，要么轻重不分，面面俱到；要么本末倒置，事倍功半，甚至劳而无功，结果严重影响了复习效果。那么，怎样才能在复习中抓住要点呢？

### 一、复习时要先看教材的提示、归纳

有的学科，编者对学习要点有总的提示、说明，如语文在每册书前的编辑说明中都列有单元教学要点一览表，根据这一表格，复习应侧重什么就非常清楚了。还有的科目，在各章节的后面附有小结，将该章节的知识要点简明扼要地加以归纳，如数学。这就更为复习提供了方便，抓住它，复习便不会无的放矢。

### 二、要注意教材里的练习，抓住其涉及的知识点

教材的知识内容是丰富的、多层面的，而练习题的设计却是有所侧重、有所选择的。显然，编成练习的那部分知识无疑是重点要点，复习时要紧紧地抓住。如历史科，一个历史事件涉及方方面面，哪里是主要的？这就要看章节后的思考题。假如思考题只就事件的性质、意义发问，那就说明这两个问题是要点，复习时就应偏重于它们。

### 三、要抓住各种的常考点

所谓的常考点，是指一些在每次大考中几乎都会考到的知识，如语文中的拼音、生字生词、标点符号、关联词、成语、文学常识、古文名句等，数学中的数列、复数、复合函数的单调性、双曲线与直线的位置关系、立体几何线面垂直的证明等，地理中的地球公转与自转、气候和天气、海水的盐度、地震带的分布、生态系统能量流动和物质循环等。这些知识在试卷中出现的频率极高，因而一些聪明的考生在总复习时，总是首先把它们确立为要点，牢牢抓住，花大力气攻之。因此，当总复习抓不住要点时，要注意从以往的试卷里去搜集常考的知识点。

### 四、要充分利用参考书

每逢总复习，或买或发，同学们手头总有一本至数本有关复习的参考书。这些书一般都将知识要点加以归纳。尽管同学们可以怀疑它的实效性，但它毕竟是编者根据多年教学经验总结出来的，具有一定的参考价值。在复习要点混沌不清的情况下，

按其指示的要点组织复习总比自己蛮干要好，所以要重视这些书的作用。若不放心，不妨来个异中求同，把不同参考书中都共同认定其为要点的那些知识抽取出来，做为复习的要点。行家不约而同认定的东西，一般来说，应是可以信赖的。

## 记不住英语单词怎么办？

学习英语，背单词是一个很重要的环节，但是好多同学都抱怨单词记不住，记了好几遍也没用。怎样才能背好英语单词呢？

1. 背单词要背得好，要背得快，最基本的原则是脑子不断地想单词，让单词不断地从脑子里过，看书看10遍，还不如脑子过一遍。要做到单词在脑子里过的次数比在书本上过的次数多得多，要做到完全抛开书本，不依赖书本，不拿书的时候也在想单词、背单词。要尽量在单词被忘记之前在脑子里过一遍，这样，它留给你的印象要深得多，就算以后忘记，也很容易记起来。

2. 背单词时还要注意在单词之间建立联系。当然，刚开始时可能能建立的联系很少，但要注意培养这种意识，争取一串串地背单词，看见一个，就能想起一串。比如，同义的单词一起记，反义的、形似的、分类的、词根的，背单词一段时间之后，就应该看到该单词，想一想以前学过什么同义的，如果只有印象而想不起来，最好在一个笔记本上记一笔，下次碰到该单词时，特别注意。比如，背单词一段时间后，应该问自己：我一共学了多少关于衣服的词？如果你只记得中文意思，想不起英文，下次就要特别注意了。或者你看到 holograph 的时候是否能想起 homograph，虽然有些书给你整理了一些联系，可我觉得自己总结的才会印象最深。这样，单词之间建立联系后，不拿书本的时候你也能利用这些联系不断地想单词，当某一个单词记不起来时，就要注意了。不妨看后面的单词时，就不断地想前面学过的单词中有哪些类似的，或意思相反的，把有联系的单词的页数写在单词旁，每当看到这个单词时，总想起和它有关的单词，想不起时再根据页数翻看。如果有印象而想不起来，就在笔记本上记一笔，下次补上。

3. 背单词时不要在一个单词上花的时间太多，根本不用超过一分钟，像扫描般一掠而过。只是重复的次数要多，特别在脑子里重复的次数要比在书本上重复的次数多得多。其他方法还有听录音带、用软件背单词等。不时翻一翻别的单词书也挺有用，因为有新鲜感。

除此之外，我们可以从现实生活中，找到趣味记忆法。比如，联想记忆法和谐音记忆法。所谓联想记忆法就是由一个单词联想到另一个词或者日常生活中常见的事物。举个例子："May"意思是"五月"。联想：五月春光明"媚"。所谓谐音记忆法就是利用英语单词的音调和日常生活中常见的事物相同或相似的方式加强记忆，比如"bus"意思为"公共汽车"，可以想到生活中公共汽车俗称"巴士"，也就记住了。也有好多单词在我们汉语中是直接音译过来的。我们主要还得记住各个单词的音标特点，这是最常用的。其实，各个单词的发音是有一定规律的，记住了发音很多时候就能拼出这个单词。

总之，记单词一定要讲究方法，因为单词是音、形、义的结合体，因此，记的时候，也应将此三方面联系起来记。切忌机械重复每一个字母，而应多读整个单词，按音节的发音去联想字母，并且尽量做到读和记的时候伴随手写，这样效果会更好。

## 不会学习英语语法怎么办？

英语语法是英国语言的实际用法，是通过语法家的调查研究、分析、综合而总结出来的，不是凭空臆造出来的。任何人使用英语，不管他是否学过语法，都必须依照语法。学习语法，了解所学语言的规则，可以缩短学习过程，掌握英语的规律，尽快提高听、说、读、写、译的能力。那么，怎样学习语法呢？下面拟从四个方面简要谈一谈：

### 一、练好基本句型

句型学习是通过听说领先的方法去学习传统语法里最常用的语法项目（把它们变为句型去操练）。句型训练实际上吸取了传统语法与结构语法两派的长处。目前国内的英语广播（电视）教学，在入门阶段，多采用句型教学法。因此自学者或者收听广播（收看电视）进行学习，或者根据所选用的课本提供的句型用替换词进行替换练习。所学的句型应该是由浅入深，由简到繁；讲求熟练掌握，不要贪多冒进。每学一个项目，首先要把单项练习练熟，然后过渡到综合练习，最后则应做到扩大运用。在句型学习阶段必须注意：在听、说领先的前提下，写、读要跟上，力求听、说、写、读四会均衡发展。因此，时间上要作出合理的安排。早上通常可安排为朗读时间。如果能每日坚持下去，收效一定很大。

## 二、结合课文去学

课文是学习英语的"重要基地"。课文里有语音、词汇项目，也有各类语法项目。它们有机地结合在课文里。课文中出现的语法项目，是有血有肉的，不是干巴巴的。通过课文去学语法，可以学得活，记得牢，这比孤零零地背诵语法条目要有效得多。因此，在句型学习结束后，宜结合课文去学语法，要围绕课文中出现的主要语法项目，循序渐进地学习比较系统的语法知识。哪些项目是课文里的主要语法项目？通常教科书的编者都明确指出了每一课的主要语法项目。要弄清这些项目的基本概念，掌握它们的公式与用途，尤其要认真地做好有关练习。

## 三、对比英语和本族语的语法

英语和汉语属于不同的语系，二者的语法区别很大。英语学习中出现的许多错误，往往是由于汉语语法习惯在自学者的头脑中根深蒂固，对英语语法的学习产生了种种干扰。要排除这种干扰，最好的方法是经常对比英语与汉语语法的异同。

## 四、进行大量的语言实践

英语语法学得好，主要不是看你读了多少语法书，记了多少条语法规则，而是要看你在实践中正确掌握所学的这些语法规则——能听懂，说得好，写得好，理解得好，译得准确。要达到这个地步，除了在必要的语法理论指导下进行大量的语言实践以外，是没有什么速成的办法的。我们常听到学习的人抱怨说："这个项目一讲就懂，一用就错。"这句话说明一般的语法理论知识并不难懂，但就是难用。要掌握好一个语法项目，就得靠多听、多说、多写、多读、多译，也就是做反复的、大量的、多样化的练习。"学习英语有没有捷径？"我们认为是没有的。练习得越多，实践得越多，所学的内容就掌握得越牢。

另外，英语毕竟是一门语言，是用来交流和沟通的。所以，我们如果把所有精力都放在研究语法上，势必有本末倒置、轻重不分之嫌。

## 不会科学使用大脑怎么办？

在日常生活中，我们常会发现一些"奇怪"的现象：有的同学整天手上不离书本，吃完饭就往教室跑，课间也不休息，晚上又"开夜车"，但学习成绩仍然不好，并且常常累得头昏脑胀，有些同学一下课便往外跑，课外活动时常活跃在足球场、篮球场上，班上、学校组织什么文艺活动，也常少不了他，这些同学"玩"的时间不少，但学习成绩不差。这种"怪"现象固然有很多原因，但会不会科学用脑是其关键的因素。那么，我们该怎样做到科学用脑呢？

## 一、了解脑功能的日节律

脑功能在一天24小时以内是有差别的。有人研究，上午8时大脑具有严谨、周密的思考能力，下午2时思考能力最敏捷，而晚上8时却是记忆力最强的时刻。在白天12小时以内推理能力逐渐减弱。

另有专家认为，一天之内有四个学习的高效期：第一，清早6～7点。这时大脑经过一夜的休息，已消除了前一天的疲劳，脑神经细胞处于活跃状态，是学习知识、记忆东西的较好时间。第二，上午8～11点。这是精力上升到旺盛的时期。此时，大脑接受信息的效率较高，处理识记材料的效果也比较好，因而，可利用这段时间认真听课，以便有效地输入信息。学校之所以将主要课程放在上午讲授是有其一定的生理学和心理学根据的。第三，下午2～4点，此时经过午间休息，大脑基本上解除了上午的疲劳状态，神经细胞也比较兴奋。第四，晚上7～9点，此时环境安静，精力易于集中，有利于进行思维活动和记忆，又因学习后很快入睡，不存在后学知识对先学知识的干扰现象，因此学习效果好。

## 二、形成良好的作息起居习惯

合理安排学习、进餐、睡眠、休息、户外活动等时间顺序，并严格执行，该干什么就干什么，该学习时就集中精力学习，该进餐就按时进餐，到睡眠时间就及时上床，使生活规律化。这样劳逸结合，生活有张有弛，可调节大脑各个区域的活动。

## 三、在保证营养的前提下不宜吃得过饱

用脑需要足够的营养，所以，多数家长总是想尽办法给孩子补充营养，一日三餐，总催着孩子多吃些，甚至将一些食品"强压"给孩子。学习虽然费脑伤神，需要增加营养，但如果吃得太多，反而会影响大脑的功能。因为学习时需要体内为大脑输送足够的氧气，如吃得过多，供应胃肠道的血液就会增加，供应大脑的血液则相对减少。另外，吃得过饱不利于体内缩胆囊素的释放，分泌缩胆囊素的腺体在肠道上部，当大量的食物进入肠道时，该腺体便被食物掩盖起来，释放减少，而影响记忆。

## 记忆不牢固怎么办？

学习中、生活中，有不少东西需要我们记住，以便在需要时加以应用。有些东西还比较好记，可是也有些东西要么无联系（如英语中许多单词，历史和地理中许多年代和地名等等），要么无规律（如某些生僻的汉字及其字义、英语中某些特殊的用法），要么无意义（如电话号码、门牌号等），记住很不容易，但又必须记住、记牢它们，否则将影响学习、生活。那么，只有想方设法对这些知识准确掌握，具体方法有这样一些供大家参考：

### 一、"过度学习"记忆法

即对某些这类知识要求掌握时，可用一个集中时间反复学习、掌握、记忆、使用，直到远远超过必要的记忆程度，形成非常非常深刻的印象。如读写六遍时已记住的话，可再读写四遍，效果就好了。还得多使用，在学习上多做练习、在生活中多用所学去解决实际问题，就使印象不深的也深了，最后变成条件反射，例如圆周率本属无规律的东西，但由于用得多，小数点后七位便熟记无误了。

### 二、"板块"记忆法

课堂学习中所学知识都是存在于课本上的，对于某些不易记住的东西，我们可以多熟悉课本，将课本中的某一单元、某一章节、某一页作为板块，整体记忆嵌进头脑，需用时便到某一"板块"中去寻找、回忆，往往因其在板块中的位置而自然想起。在这方面勤于钻研课本，脑子里"有本书"的同学一定很有心得；而对课本很不熟悉的同学在需要使用时（如考试）便茫无头绪了。

### 三、"一句话"记忆法

将一些构成集合的无规律知识，变成"一竿子到底"的完整话将它读熟念惯，以后要用时开了头之后便一路到底，全出来了。如世界历史中，"华盛顿会议"的与会九国就可以快速地用"美比英中、法意日荷葡"（中间稍顿开）一句话读成习惯，再遇到"华盛顿会议"与会国的选择题时，依此选项即可。此法可用于多处。

### 四、"充实含义"记忆法

虽然这些知识本无联系、无规律、无意义，但我们为了牢固记忆的需要，可以人为地制造其含义，充实意义成分。有个例子是爱因斯坦记朋友的电话号码，朋友刚说完"24361"，他就说记住了，原来他是记成两打（每打12个）加19的平方。这种人为联系虽说牵强，但有助于我们很好地记住那些难记的东西。

### 五、"谐趣"记忆法

把散乱的东西编成有趣的故事情节以便记忆，如化学中镧系的15个元素，可谐音记为"男师傅、女菩萨，油炸腿的、核儿丢一路"。这种方法也可以由同学们在学习实践中"八仙过海，各显神通"。

### 六、口诀记忆法

对某些知识编成朗朗上口的歌诀，能有效地记忆，如二十四节气，人们编成"春雨惊春清谷天，夏满芒夏暑相连，秋处露秋寒霜降，冬雪雪冬小大寒"来记忆。这在各门学科中的应用亦复不少，还可以自己去创造。

另外，相信很多青少年都遇到过这样的情况：很多知识，我们在看课本时，感觉已经掌握了，可一合上课本就一点都想不起来，大脑一片空白，也许你会认为这是因为紧张造成的。是的，心情紧张是一方面的原因，但是，根本原因却并非如此，而是由于平时动笔太少。当我们在记忆某些知识时，一味地死记硬背是不起什么作用的。最好的办法是动手去"写"，"写"的过程能够加深印象，从而使记忆更加牢固。

比如，在数学考试前复习的时候，一些人只顾着看习题的解答方法，企图通过"看"的过程将其牢记，而不是拿起手中的笔，在草稿纸上写写画画来亲自解答。然而，事实上，这种方法所达到的效果就是我们所经常体会到的"一看都知道，一放全忘掉"。牢记知识的最切实可靠而又行之有效的方法莫过于边写边记，只有手脑并用，才能使记忆达到最强。

## 不会合理利用时间怎么办？

"最浪费不起的是时间"，这是著名美籍华人物理学家丁肇中先生的名言。时间对于每个人都是公正的，也是无情的，它去了就不会再来。我们怎样把握时间的钟摆，去迎接人生的辉煌呢？最要紧的就是要学会立体地利用时间。因为，只有这样，我们才能在"多"于他人的光阴里面获得更多的成功。要做到立体地利用时间，应该注意以下几点：

### 一、合理安排时间

1. 文科的学习与理科的学习相间隔。文科的学习往往以记忆为主，理科的学习往往以推理为主,这种记忆与推理相间隔的用脑安排有利于精神的调节,推迟疲劳状态的到来,延伸了时间的有效期。

2. 复杂的内容与简单的内容巧安排。时间结构与人的生物节奏是紧密相关的,如果我们能抓住兴奋的最佳状态,如利用清晨和晚上注意力集中的时间来学习较复杂的内容,时间就可以大大节省,效率就会大大提高。

3. 有趣的科目与无趣的科目齐搭配。事实证明,每个人对不同的科目的兴趣是有区别的。有趣与无趣的科目的搭配合理能保持学习的节奏,通过对有趣科目的学习,使大脑产生兴奋,为下面无趣科目的学习做好积极的准备。这样反复交替,就有助于各科学习时间的高效利用。

4. 整块的学习时间与零星的学习时间共抓紧。在安排学习时把大块的学习内容,如写作文、做习题等放在整块时间里进行,把记公式、记单词等小块内容放在零星的时间里进行。

5. 学习与活动两者相互补充。为了保持学习的有效状态,其间可穿插音乐欣赏、打球、跳绳等文体活动,这既有利于积极的休息,也有利于音乐、体育水平的提高。这是对时间的极好调节。

6. 学习与休息总量兼顾。列宁说过:"不会休息,就不会工作。"每个同学都应该制定一个兼顾工作和休息的作息表,并持之以恒地坚持下去,让时间在有效的长河中载着你的小舟永远前行。

## 二、尽量挤出时间

1. 争分夺秒式。即"人"到哪里,"学"到哪里。同学们可以写一些单词卡、公式卡放在口袋里,当候车或者等人时,拿出来读读记记,只要你不断坚持,你就会成为时间上的小小"富翁"。

2. 时间"再生"式。即在做一件事的同时,进行某种学习的活动。如边洗漱或边散步边听英语,边写作或者边跳绳边听音乐。这样就可以达到双重利用时间的目的,使时间得到"再生"。

3. 两头并重式。即抓住一天的头和尾。清晨人静为读书的大好时光,临睡心静为记忆的最佳时刻。只要我们日复一日地坚持晨读和夜记,时间就会多给你一份偏爱。

4. 耗时记录式。每周立一个总的时间表,每天写一张用时记录表,完成一项,勾去一项,以便自行督促,使计划保证兑现。

## 三、有效的利用时间

1. 抓紧课堂。充分抓紧每堂课的45分钟,听课精力高度集中,争取最大的收益。

2. 多方到位。学习时充分调动各有关器官的活动,强化学习的效果,如英语的嘴读、眼看、手写、耳听、脑记同时到位。

3. 超前准备。课前要复习旧课、预习新课,标出疑难,做到心中有数,听课时既可广泛吸收,又可重点求答,以达到事半功倍的效果。

4. 不懂不做。为了避免学习的盲目性,提高做题的速度和准确性,应养成先复习概念、再做习题的好习惯,免得做题时东翻西找,既误事又误时。

5. 静心学习。心不静不勉强学习。周围静,心更静;周围不静,也要做到心静。如果人在心空,学无效果,那只会白白浪费宝贵的时间。

## 基础知识没有学好怎么办?

基础知识,也就是知识的基础部分。不打好基础,就很难学到更高深的学问。

基础知识没学好的同学,往往抱怨父母没有给他生个聪明的脑袋,其实这是不公平的,杰出的父母不一定生出聪明的子女,一般的父母却往往生出聪明的孩子。再说聪明的学生不好好学习,也会成绩不好;不太聪明的同学,因为专心致志,却能成绩很好。基础知识学不好的原因是多种多样、因人而异的。

有的同学不知道为什么要学习,对学习不感兴趣,总觉得学了也无用,于是糊里糊涂,马马虎虎,日复一日,学习成绩就垮下来了。

有的同学缺乏意志和毅力,打不起精神,下不了决心,忽冷忽热,怕苦怕累,能拖则拖,能推则推,时间就这样过去了。

又有些学生不讲究学习方法,既不集中精力听课,又不认真作业,既不课前预习,又不课后复习,既不思考问题、加深理解,又不认真记忆、巩固知识,似懂非懂,不求甚解,天天都煮夹生饭。

也有可能是教师调换太多,或者是学生自己心理上和生理上的原因,如生病等,使基础知识有了缺漏。前面的知识没有弄懂,后面的知识就难以为继,久而久之听不懂课,做不了作业,学习的道路就变得崎岖难行。

还有一些同学因学习成绩跟不上,就不敢接近老师,越不接近老师,就越得不到老师的指导,恶性循环,以至不可收拾。

此外当然还会有一些个别的、偶然的因素,不同的学科又会有一些不同的原因,但不管是什么原因,只要有决心、又采用正确的方法,基础知识是一定可以学好的。有些著名的科学家，在中学时代甚至留过级，后来发愤图强，终取得大成。当然这不是轻而易举的，应注意下列问题：

1. 通过学习、参观、访问，看看四周现代化建设的形势，弄懂学好课程是将来参加社会主义建设所必需，也是进一步深造所必需，变"要我学习"为"我要学习"，以提高学习的自觉性。也可访问老师、亲友，听听他们对自己的期望，看看前辈校友的成就，以激励自己的志气。

2. 要下定决心，用加倍的精力，在学习新课过程中补上过去缺漏的课程。课前要预习，记下难懂的地方，听课时加倍注意，课后要做作业，对难题要认真钻研，真正做不出再去问同学、老师，务必弄懂弄通、牢固掌握，一段时间后缺漏必能补上，理解力和记忆力也会锻炼出来，学习的道路就会逐渐变得平坦。

3. 疑难问题要多想多问。关键是要多和别人探讨、多读多看有关课外读物、多参加社会实践和生产实践，扩大眼界，增加兴趣，在自己周围形成良好的学习氛围，几年后必能大成，"世上无难事，只怕有心人"。

# 如何完成作业练习

## 写作业速度慢怎么办？

未来新时代，需要学习的快节奏、高速度、高效率。那么有的同学做作业速度太慢怎么办？

这需要具体分析原因。原因查出来了，解决的办法也就找到了。常见作业速度慢的情况有下述六种：

1. 上课没有好好听老师的讲解，或是对教材上的定理、定义、公式等知识没有透彻理解、没有准确记忆，或是对老师讲解的做题方法没有真正掌握，不能举一反三，这样做起作业来，不仅特别慢，而且容易出错。

2. 有的同学把作业视为硬性任务，做作业是为了被动的完成任务，缺乏责任心，穷于应付。不先复习教材，不先回忆老师在课堂上的讲解，知识没有消化、方法没有掌握就急于做作业，自然也就很慢，甚至错误百出。

3. 有的同学没有审好题，没有明确题型，没有搞清楚题目提供了哪些条件、要求回答什么、做题的正确路子是什么，便动手做起题来。做了一半或大半，才发现错了，全部返工，从头再来，乱了思维，效率极低。

4. 作业题有易有难，有的同学机械地按习题顺序来做，遇到难题久攻不下，一节自习课过去，一道难题未解，会做的题也没有完成。应该是先易后难，先把会做的题做出来，孤立难点，重点攻关，或请教老师，或与同学讨论，直至真正弄通。这样，作业速度也就快了。

5. 有的同学做作业不善于独立思考，大小问题都靠别人，东问西问,与同学交头接耳。这样"讨论式"地做作业,浪费了时间,降低了作业速度和作业质量。

6. 还有的同学手懒,除了老师布置的非做不可的作业外,很少做题。这样,由于长期的手懒,造成了"眼高手低",一看就会,一做就错,作业速度就更谈不上了。应该加强书写、运算等基本技能的培训,做到熟能生巧。

作业速度太慢的情况摸清了,原因查明了,提高作业速度的方法也就自在其中了。

## 不会辨析词义怎么办?

语言里意思相同或者相近的词就叫做同义词。但是意思完全相同的词是极少的,就是"妈妈"和"母亲"也是有一点区别的,所以有些人把同义词叫做"近义词"。

既然意思不完全一样,遇到同义词就有辨析的必要。比如你在读《詹天佑》一课时,会碰到"周密"和"精密"这两个词儿:"哪里要……哪里要……都要经过勘测,进行周密计算。""我们工作首先要精密,不能有一点儿马虎。""周密"和"精密"都是形容词,都是用来形容事物组织、结构很密,也可以形容观察和思考。但"周密"着重在"周"(周到),没有遗漏,"精密"着重在"精"(精确)。

说话作文要做到准确,不能不注意同义词的差别。有同学在作业中这样写道:"我写作文常常会忘了点标点,我要改进这个缺点。"老师在"改进"二字下面划了一条短横线,他想了想,把"进"改成了"正",这才对了。从这里可以看到辨析词义的重要。要真正掌握一些同义词,就必须注意辨析它们之间细微的差别。

怎样辨析词义呢?词汇知识告诉我们,一般应从以下几方面入手:

### 一、从词义方面辨析

有些词指的虽是同一事物,但有范围大小的不同。如"时代"比"时期"的范围大。有些同义词在程度上有轻重的差别,如"优异"比"优良"的程度重些。有些同义词(如"改正"和"改进"),一个字(在这里叫"语素")相同,另一字(语素)不同,差别就在不同的语素上。"改正"指把错的改为对的,"改进"指改变得更进步一些。又如"亲热"、"亲密"、"亲切",有共同的语素"亲"(感情亲),区别就在"热"(态度亲近而热烈)、"密"(感情亲近,交往密切)、"切"(交往中感情真诚、恳切)。

## 二、从词的范围辨析

如"战争"、"战役"、"战斗"这一组近义词。"战争"指民族之间、国家之间、阶级之间或政治集团之间的武装斗争,它不指某一具体的战事,但它包括了在这个时间、空间里所发生的一切故事,范围最广。如"抗日战争"。"战役"指为实现一定的战略目的,按照统一的作战计划,在一定的方向上和一定的时间内进行的一系列战斗的总和,范围较小。如"上甘岭战役"。"战斗"专指某一次具体的武装冲突,范围最小。

## 三、从感情色彩方面辨析

例如"顽强"是中性词,也可以是褒义词,作贬义词的情况却极少。"顽固",就仅是贬义的,这是感情色彩的不同。口语用"爸爸"、"妈妈',书面用'父亲"、"母亲",这是语体色彩的不同。

## 四、从用法方面辨析

如普通用语叫"石灰",专业用语是"氧化钙"。可以说"解除痛苦"、"排除障碍",不可以说"排除痛苦"、"解除障碍",这是"搭配对象不同"。可以说"他很勇敢"不可以说"他很勇气",这是"词性不同"。"勇敢"是形容词,"勇气"是名词,因而用法也不同。形容词"骄傲"和"高傲",从贬义方面来说,都有"自高自大"的意思,从褒义方面来说,都有"自豪"的含义,但"骄傲"还可以是名词,指值得自豪的人或事物。

# 不会辨识病句怎么办?

所谓病句,是指那些语言表达有毛病的句子,即不符合现代汉语的表达规则,或违反了客观事理的句子,前者是就语法方面而言的,后者是就逻辑方面而言的。学生需要掌握的常见的病句类型有六种,即语序不当、搭配不当、成分残缺或赘余、结构混乱、表意不明和不合逻辑。虽说这六种类型的病句都会看到,但在实际考试中,有几种常见的病句出错方式出现的频率是非常高的,因此值得大家特别注意。而这些错误,我们可以通过找标识来识别。

1. 发现介宾短语开头的句子,看是否缺少主语。介词结构在句首易导致句子无主语。在一个句子中,当介词或介词结构位于句首时,我们就应该仔细去分析这个句子的主谓宾等成分,如果没有主语,那就属于介词结构在句首导致无主语的错误类型。这种类型的病句往往通过去掉句首介词来达到改正的目的。

2. 发现句中有并列结构，看是否符合逻辑、是否语序错位、是否搭配得当。这里所说的并列结构，主要是指动词并列、名词并列以及形容词的并列等。

在一个句子当中，含有包含与被包含关系的词语不能并列地放在一起，例如报刊、杂志就属于出版物，因此它们不好放在一起。

3. 发现具有两面意思的词语，如"是否"、"能否"、"优劣"、"好坏"、"成败"等，看前后是否对应。

4. 发现句中有否定词，看它们是否因多次否定将意思说反了。

5. 发现句中有"对"、"对于"、"关于"，看它们是否混用或主客是否颠倒。

6. 发现代词，看是否指代不清。

7. 发现数词和表约数的词语连用，看是否造成矛盾。

8. 发现"是"表判断的句子，看主宾搭配是否恰当。

9. 发现缩小、减少、降低等词语同倍数相搭配，犯了不符合逻辑的毛病。

10. 发现"不管"或"尽管"，看是否将两词误用。

11. 发现关联词，看是否出现关联词语搭配不当、关联词语错位等毛病。

## 不会正确使用"的"、"地"、"得"怎么办？

"的"、"地"、"得"这三个字大家写字时都常用，但许多人都不会用，即使有一定文学素养的人也容易出错。看稿过程中也非常多地遇到这类错误，令人哭笑不得。若是投稿，请相信编辑会因为这几个字的使用错误而将你本来很好的稿子枪毙掉的。有些人说这三个字现在通用了，纯属无稽之谈。

在小学阶段，语文老师有时不给我们详细讲解阐述某种知识，而是让我们在字词句单项练习中，以及在听话、说话、阅读、作文的综合训练中，认识到应该怎样，不应该怎样。比如中年级时，老师不讲语法名词术语，让我们填"的、地、得"：

1. 张老师耐心（　　）指导小梁做习题。（地）

2. 张老师对小梁指导（　　）很具体。（得）

3. 张老师对小梁进行了耐心（　　）指导。（的）

到了高年级，我们就会认识主语、谓语、宾语、定语、状语、补语。为了把"的、地、得"的问题弄清，我们在这里适当讲一点"定、状、补"的语法知识。

1. "的"是定语的标志，用在定语之后。定语是附加在名词前面，起修饰、限制作用，表示性状、数量、处所等的句子成分。名词经常作主语和宾语，所以主语、宾语前面往往有定语。

如：（我）的心情很舒畅。（"我"是定语，所以它后面是"的"。）

又如：（蓝蓝）的天空飘着白云。（"蓝蓝"是定语，所以后面接的是"的"。）

2. "地"是状语的标志，用在状语之后。状语是附加在动词、形容词前面，起修饰、限制的作用，表示情态、程度、数量、时间、处所、目的、原因等的句子成分。动词、形容词经常用作谓语，所以谓语前面往往有状语。

如：她［大声］地笑了。（"大声"是状语，所以后面用"地"。）

又如：我［不停］地做着习题。（"不停"是状语，所以后面应该用"地"。）

3. "得"是补语的标志，用在补语之前。补语是附在谓语后面，补充说明结果、程度、数量、时间、处所的句子成分。

如：小狗吃得（很饱）。（"很饱"是补语，前面用"得"。）

又如：他说得（大伙儿都笑起来了）。（"大伙儿都笑起来了"是补语，它前面用"得"。）

下面是一位小朋友写的文章中的一小节，你能纠正"的、地、得"使用的错误吗？

春天来了，小河水淙淙得流着。一群群鱼苗自由自在的在水中游着，游到岸边有人得地方，也不害怕。但当我们用茶杯去舀，它们却逃的无影无踪了。（地、地、的、得）

## 要想不读错、写错、用错成语怎么办？

成语简练生动，可是也容易读错、写错、用错。读写成语时，对形近、音近、音同的问题要慎重。"想当然"是要不得的，还是查查词典，吃准字音，理解词义，做到十拿九稳为好，免得把"恬（tián）不知耻"读成"括（guā）不知耻"，把"川流不息"写成"穿流不息"，等等。

查了词典，"含垢忍辱"的"垢"（gòu），就不致读成 hòu（后），"一蹴而成"的"蹴"（cù），就不致读成 jiù（就），"瞠（chēng）目结舌"不会读成"táng（堂）目结舌"，"刚愎（bì）自用"不会读成"刚 fù（腹）自用"，"面面相觑（qù）"不会读成"面面相 xū（虚）"。

查词典，知道"悔过自新"的"悔"是"悔改"的意思，"诲人不倦"的"诲"是"教导"的意思。懂得这两个字的区别，就不会写出"悔人不倦"了。"千钧一发"中的"钧"是古代重量单位，一钧是三十斤。用一根头发悬挂着三万斤重的东西，比喻极为危急。懂得这点，就不会写出"千钩一发"或"千均一发"了。

还有个问题必须注意：成语都是约定俗成的，就是说，某个成语长期以来被社会承认，因此固定下来，一直沿用到现在，那么就不可以随随便便改动。"洋洋得意"不可改成"洋洋乐意"，"远走高飞"不可改成"远跑高飞"，"举世闻名"不可改成"全世闻名"。

再来看看"用错"的例子。

有一位同学写下这样的句子："暑假的一天，我去海滨游泳，我被太阳晒得黑不溜秋，体无完肤。"两个年龄差不多的青年人在对话，一个对另一个这样说："你比我大一岁，可是你懂得的比我多，我应该向你不耻下问。"

"体无完肤"是说全身没有一块完好的皮肤，形容遍体鳞伤。"不耻下问"，指向学问比自己差的或职位辈分比自己低的人请教，不认为可耻。所以说，上面说的那位小朋友和那个青年工人把成语用错了。

要防止读错、写错、用错成语，必须清楚透彻地理解成语的意义，甚至包括了解成语的来源。我们了解了南郭先生："滥竽充数"的故事，就不至于把"竽"写成"芋"，把"滥"写成"烂"了。读过廉颇蔺相如的故事，就不至于把"完璧归赵"写成"完壁归赵"了。记住"守株待兔"的寓言，就不至于把"株"（这里指"树桩子"）写成别的字了。懂得"再接再厉"中的"厉"就是"砺"，是"磨快"的意思，就不会写出"再接再励"这样错误的"成语"了。

为了避免读、写、用成语时的错误，要勤查成语词典或其它词典，使成语真正起到言简意赅、以一胜十的作用。

## 句子的含义难理解怎么办？

少年朋友学习一篇文章，除了识字、解词，还要读懂句子，理解句子所表达的意思，这才有可能较好地掌握文章的内容和思想。读懂句子，重点应放在理解思想内容上。一般说来有如下方法：

1. 要抓住句子中的关键性词语。如《伏尔加河的纤夫》中有这样几句话："领头的纤夫是个肩膀宽阔的老头儿。他包着头巾，衣服上打着补丁。他的眼睛漠然地望着前方，路还长着哩。""漠然"是关键词。小朋友们查字典可以知道"漠然"是冷淡、不经心的样子，然后边阅读课文边思索：纤夫是对生活、对前景冷淡，内心充满无限的哀怨，想到这样的苦日子，不知熬到什么时候才是尽头。

2. 联系上下文来理解。有些句子的含义与上下文有着密切的关系，只有顾及全篇，才能理解句子的含义。在古诗学习中尤其如此，如"死去元知万事空"，要理解它的真正含义还得联系下文：本来就知道人死了以后什么都没有了，下文是："但悲不见九州同"但感到悲伤的是没有看到祖国的统一。最后两句是"王师北定中原日，家祭无忘告乃翁"。最念念不忘的是盼望南宋的军队能早日收复中原统一祖国，到那时家祭的时候不要忘记告诉你的父亲，反映了作者临死前念念不忘统一祖国。

3. 联系实际，典型联想来理解。如《我的战友邱少云》一文中有这样一句话：这位伟大的战士，直到生命的最后一刻，也没挪动过一寸地方，没有发出一声呻吟。我们可以联想自己被沸水或火星烫着时会迅速地把手缩回来以及剧烈疼痛的情景，而邱少云在烈火烧达半小时之久却能做到纹丝不动，足见他的高度纪律性及为革命勇于献身的伟大精神。

4. 从比喻、象征意义中去理解。如《我的伯父鲁迅先生》一文中有这样一句话："四周黑洞洞的，还不容易碰壁吗？"作者用"黑洞洞"形容旧社会非常黑暗，用"碰壁"比喻革命者没有自由，到处受迫害。这是鲁迅先生用诙谐的笑谈来讽刺，抨击旧社会的黑暗。

5. 从联系时代背景来理解。有的文章要与当时当地的情况联系起来才能理解。如《赶集》一文中有这样一句话："料想四年以前该不会有这些东西吧。"四年以前是什么时候呢？文章写的是解放初期农村面貌的迅速改变，农民的生活的不断改善，从而歌颂了党的领导好。

此外，在老师的帮助下，逐步学会对结构和内容比较复杂的句子，含有比喻、拟人、夸张、排比、设问、反问等修辞手法的句子，以及有关联词语（或没有关联词语）表示的句子关系，认真地进行分析，这对深入理解句子十分有帮助。

## 不会快速阅读怎么办？

科目多、任务重、压力大，同学

们常常感到时间紧迫，因此也常常为读书时阅读速度不快、效率不高而苦恼。遇上这种苦恼，怎么办？我们不妨讲究一下阅读方法，以提高阅读速度和效率。

快速阅读则是一种"眼脑直映"式的阅读方法："它是将书面的文字信息对眼睛产生光学刺激之后所产生的整体文字图像，直接传送到右脑以图像的形式记忆住，之后再由大脑将文字图像解析出来"的阅读方法。速读这种"眼脑直映"式的阅读的方法省略了语言中枢和听觉中枢这两个可有可无的中间环节，即文字信号直接映入大脑记忆中枢进行理解和记忆。这实际上是一种单纯运用视觉的阅读方式。所以说"眼脑直映"式的快速阅读，才是真正的"看书"。

常用的快速阅读方法有：

### 一、跳读法

这种方法是指读书时不是按"字"阅读，而是以句中关键性的词和短语为阅读单位作跳跃式的阅读。譬如读这样一个长句："如果一篇文章，有的只是华丽的辞藻，有的只是庞杂的材料，却并不能说明什么问题、解决什么问题，人们读过以后，根本不知道作者是在赞成什么、反对什么。那样的文章，人们通常称之为'没有观点'的文章，也就是没有灵魂的文章。"我们只要抓住"一篇文章"、"华丽的辞藻"、"庞杂的材料"、"不知道"、"赞成什么"、"反对什么"、"称之为'没有观点'、没有灵魂的文章"这些关键词语，那么全句的主旨也就抓住了。

### 二、浏览法

浏览，即大略地看，也就是说，读书时不是逐字逐句地读，而是以文章中的段落或层次作为阅读单位，抓住段落或层次的关键语句，以了解段落或层次的大意。

### 三、组读法

这种速读方法的基本原理是扩大阅读时每次眼停的视知觉广度，以提高阅读速度。我们读书时眼睛并非连续不断地扫描文字，而是作忽动忽停的跳动。眼停时看清文字，眼动时看不清文字。每次眼停最多只能看清6~7个字，因而每次眼停只读一字或一词是极不经济的。

## 不会给课文分段怎么办？

有些课文分段较难，有的学生不会分段。他们因为缺乏分段的基础知识，又缺乏分段的能力，阅读时又不够细致，所以分段像猜谜似的，一会儿说分三段，一会儿说分五段，一会儿说分到这里，一会儿说分到那里，也说不出个理由来。

要知道，分段（划分意义段），实际上得从自然段（也叫"小节"）开始研究。最保险的是，要按这样的步骤：

1. 比较快地全文浏览一遍，了解大概的内容和思想。

2. 一小节一小节地较仔细地读，用铅笔把每一小节的主要内容画出或注出。（不必要求语句的完整。也可以不画不注，只要做到对这小节的主要内容心中有数就是了。）

3. 每一小节的内容掌握了，再将课文从头到尾通盘考虑，看哪些小节合成一段比较好，这样，分段就不是随心所欲、乱说一通了。

等到分段训练次数较多以后，老师会告诉你，其中是有规律可循的。段的划分，常见的也不过就是这几种：

1. 按时间推移的顺序（简称"时序法"）分段。

2. 按事情发展顺序（简称"事序法"）分段。

3. 按空间位置转移的顺序（简称"位序法"）分段。

4. 按事物的不同内容和方面（简称"类序法"）分段。

5. 按人物出现的先后顺序分段。

6. 按总分结构（简称"总分法"）分段。其中有"总——分"、"分——总"、"总——分——总"的不同。

懂得这些，并不能说解决了所有的问题。事实上，分段标准往往互相联系，划分一篇文章的段落，往往可以按不同的标准来考虑，作不同的划分。只要分得合理，就应当得到承认。两三种分法兼用，大段之内又分小段，用了这一法又用另一法的情形是常有的。在讨论时，大家可以评评，谁的分法"最佳"。

文章的内容和分段方法有联系。一般说来，写事的文章，常用"时序法"、"位序法"、"事序法"。写人的文章，除用这三种，还常采用"类序法"。写景的文章，用"时序法"、"位序法"比较多。

## 不会归纳中心思想怎么办？

青少年朋友们都能理解这样的比喻吧：中心思想是文章的灵魂。既然是"灵魂"，那么就往往不能一望而知，而要深入课文中去，这才能探测到。要探索文章的灵魂，必须深入地研究课文本身。脱离课文而得出的

"中心思想",是不可靠的;浮光掠影地了解课文,得出的"中心思想"也往往是不准确、不全面的。

中心思想包括文章的主要内容和它体现的思想感情两个方面,也就是说,应该包括"写了什么"和"为什么写"。归纳文章中心思想主要有以下方法:

### 一、看文章的题目

有些文章,它的题目本身就揭示了中心思想或是中心思想的高度概括。从题目可以看出文章主要写了什么、反映了什么等问题,通过对这些问题的回答,并把这些回答连接起来,就概括出了中心思想。

### 二、看文章的开头和结尾

一篇好的文章,为了便于读者把握文章的题旨,通常在开头或结尾处,有点明中心的句子或段落。一般来说,在开头有统领文章的作用,在文章的结尾有总结全文点明中心的作用。分析好这些开头和结尾就能准确地概括文章的中心思想。

### 三、看文章的中心句

文章的中心句是文章思想感情集中的反映,体现作者的写作目的,往往直接点明中心思想。找准了中心句,就可以归纳出文章的中心思想,而比较常见的是在文章的开头和结尾。

### 四、看重点段落

文章的重点段落是为了突出文章的中心思想,抓住重点段落的分析,就能准确概括文章的中心思想。

### 五、看重要人物

写人的记叙文,往往是从重要的人物身上就能体现出中心思想。抓住重要人物的语言、动作、心理活动描写。人物的语言、动作、心理活动等描写往往体现出文章的中心思想。

### 六、看主要事件

叙事的记叙文,有主要事件和次要事件,抓住主要事件去分析,想想是写了什么事,歌颂了什么,反映了什么,说明了什么,就可以捕捉到文章的中心思想。

### 七、看文章的议论抒情

在文章中,记叙和描写部分好比画龙,议论和抒情部分就是点睛,点睛部分往往揭示了文章的中心思想。

### 八、看文章的细节

文章的细节描写是为表现中心服务的,因此,认真体会文章的细节描写,了解这些细写对突出文章的中心起了什么作用,对理解文章的中心大有帮助。

## 不会概括寓言的寓意怎么办?

有这样一个寓言故事,题目叫《毛虫》。大意如此:毛虫不会唱,不会跳,不会跑,不会飞,它是惟一没有声音的一个。它挪动身子,是那么缓慢。虽然如此,它并不妒忌任何人,它热切地开始它的工作,学会吐出纤细的丝,以奇妙的技巧给自己编织出一间小巧的房子。过了很短一段时间,毛虫已把自己封闭在一个温暖的丝茧里。在恰当的时刻,毛虫醒了过来,它已不再是一条毛虫了。它从茧子脱颖而出,长有两只色彩斑斓的美丽的翅膀,立即一飞冲天,直上云霄。

这则寓言,老师读给十几位同学听,请他们写出寓意,结果有许多种说法:

1. 说明做任何事,只要努力,总会成功。

2. 只要一心向着目的去做,就一定能达到目的。

3. 说明一个人应该勤劳。

4. 吃尽了苦头,总会尝到甜头。

5. 只要不断努力,就能改变现状。

6. 说明只有经过自己努力奋斗,才能办好事情。

7. 说明不能自暴自弃。

8. 说明只要自己具有特殊的本领,便会成为一个有用的人。

9. 说明只要勤于学本领,不妒忌别人,总会有一天"飞"起来。

10. 说明即使自己不如别人,也不要自暴自弃,应该鼓足勇气,努力使自己成为有本领的人。

11. 说明一个人假如没有别人那样的本领,不要沮丧、气馁,只要认定目标去努力,就会改变自己的面貌。

讨论的结果,认为"1"、"2"、"3"、"6"的说法不正确,"4"、"5"、"7"、"8"的说法也不够准确、全面,"9"、"10"、"11"的说法才是正确的。

寓言故事多半侧重于讽刺、劝诫(这一篇侧重于褒扬)。无论哪一种寓言,都是作者把自己认为正确的道理,通过虚构的故事情节、艺术形象加以譬喻。因此,不可忽视对寓言故事情节的了解和对艺术形象的分析研究。寓言歌颂或讽刺的真正对象不是故事中的那个(或几个)人物、动物、植物,而是现实生活中的某种人。概括寓意时,要联系实际,联想生活中类似的情况,来理解作者的用意。

我们还要认真研究寓言的语言感情色彩,从它的关键性、总结性的语句揣摩到作者的观点。如："凶恶的老虎受骗了，狡猾的狐狸是借着老虎的威风把百兽吓跑的。"(《狐假虎威》) 这是明显的对强暴者的讥讽，对依仗他人权势者的揭露和嘲讽。"对狼讲仁慈，你真是太糊涂了，应该记住这个教训。"(《东郭先生和狼》) 这里，只要把"狼"改成"恶人"，就是这则寓言的寓意了。

## 不会概括段落大意怎么办？

写文章时，我们习惯列提纲，分析文章时，我们要把作者的写作提纲再现出来，这就是概括段落大意。段落大意归纳出来，该段的主要内容就一目了然了，每段段意都有了，全文的主要内容也就容易得出了。文章"主要内容哪里来？段落大意加起来"。不过不是简单地相加，而须再一次归纳，用更简练的语句。

段落大意要用准确、完整，简练的语言来概括。概括段落大意的方法，主要有以下几种：

### 一、抓"段眼"

段眼就是一段文字的中心句，或能涵盖大意的一句话。段眼作为一段的中心句，该段中其他句子的表达都围绕此句展开，因此找准中心句有助于培养概括能力，也便于概括段落的内容，或直接用中心句，或对中心句稍加整理即可。就结构而言，中心句一般用在段首，个别的用在段中，少数的到段尾才抖搂出来。

### 二、抓占中心位置的人、事、物、情、理

有的段落没有中心句，但往往有占中心位置的人、事、物、情、理，整个段落都是紧紧围绕这些来写的，抓住它们，概括段落内容就较容易了。

### 三、抓上下文联系

一篇文章是一个有机的整体，组成一篇文章的段落是密切相关的。有些段落是对下文的领起，有些段落是对上文的小结。在概括上有领起段或下有总结段的段落时，可联系上下文借助领起段或总结段来概括。

### 四、归纳

有些段落运用列举的方法，把一些有某一共同点的人或事物写在一段内。概括这类段落内容可通过归纳，概括出所写人或事物的共同点，也就概括出段落内容了。

概括段落大意的方法因文而异，不必硬套某一法，有时需要综合使用这些方法，少年朋友们可结合反复的

练习，体会这一点，这里不一一举例了。

## 没有良好的默读习惯怎么办？

少年朋友，你从小学二年级开始，便在老师指导下默读课文，到高年级，应该能较好较快地默读课文了。但有些小朋友却不能，他们没有掌握正确的默读方法，养成良好的默读习惯。

首先，必须充分认识默读的重要性。只要想一想，假如人们读长篇小说，读技术资料，都要高声朗读，那么，读书的速度快得了吗？所以，小学低年级朗读多，高年级默读多，小学毕业时，要能比较熟练地默读课文。因为默读要求不出声、不动嘴唇、不指着字读，默读省去了发音器官的活动，速度可以比朗读快得多，而且可以更集中地进行思考，加快对文章内容的理解。这种能力，是能享用一辈子的。

你记得吗？当你开始练习默读时，往往不自觉地轻声读或微微地动着嘴唇，有时还用手指或用笔，顺着字行指读，眼睛一个字一个字地看，一眼看上去，就没法看几个字。通过老师指导，经过几年训练，你现在看书报杂志、看信，都能通过默读来进行了。你已经具有了一定的默读能力。现在，你还应该检查自己，是否已经养成以下一些良好的默读习惯：

### 一、集中注意力，不怕干扰的习惯

常常看到有的小朋友，在默读时，旁边有什么人走过，他们在干什么，说些什么，都要"关心"一下，这样，默读的速度怎么能快？默读的理解怎么能深刻？良好的习惯应该是"聚精会神"、"旁若无人"，把全部注意力集中在读物上。

### 二、养成正常的眼动习惯

每次一眼看上去，字数要多看些，逐渐增多，能看一句，看一行，不要老是倒回前面去再看，由上一行最后一个字跳到下一行开头的字，要能做到迅速、准确。因为默读时眼球是在运动的，所以这叫做"正常的眼动习惯"。

### 三、养成边默读边思考的习惯

默读如果只追求速度快，而不讲究理解的深度，那么读得飞快又有什么用呢？只有一边默读，一边思考，才能真正达到阅读时目的。有人主张，在默读重要内容时，一边看，一边想，一边划线、划圈、加点、加注、打问号等，这对提高默读效率，的确是有帮助的。

小朋友们解答课文后的问题，编写阅读提纲，准备复述，准备表情朗读，准备评价人物的思想品质……做这些工作，必须具有一定的默读能力，还要养成良好的默读习惯，这些都是必不可少的。

## 不会做选择题怎么办？

选择题是标准化客观性试题最常见的一种形式。它具有题目灵活、知识覆盖面广等特点，便于考察学生的基础知识、基本技能和基本方法，以及运算能力、简单推理能力、判断能力。

选择题所占卷面的分值比例较大，属客观性试题，批改给分不受主观随意性影响，因此它使用广泛。选择题的基本结构由两部分组成：一部分是把由问句或陈述句构成的题目所提供的特定概念叫题干（题设条件），另一部分是几个可供选择的备选答案叫选择支。

选择题有单项选择题、多项选择题和不定项选择题，它们一般有四个选项。单项选择题有唯一正确的答案，多项选择题有两个以上正确答案，不定项选择题至少有一个正确答案，各类型的选择题给分严格，难度较大，要注意解题方法。

1. 做单项选择题一般使用下列方法。

①直接法：就是直接利用定义、概念、性质、原理或计算来寻找正确答案。

②筛选法：根据有且只有一个正确的答案，把错误的一一淘汰，余下惟一的选项，肯定是正确的。

③特殊值法：把文字、字母、特殊数字代入，从而确定正确的答案。

④验证法：将供选择的答案代入验证，或用逆推法校验某个选项。

⑤直观法：利用直观图形进行观察比较，有时效果很好；也可用不太严谨的直观方法，但要注意不出错。

单项选择题举例：如果凸 $n$ 边形 $F$ $(n \geq 4)$ 的所有对角线都相等，那么下面选项中正确的是（　）

(A) $F$ 四边形　　　(B) $F$ 五边形　　(C) $F$ 四边形、五边形

(D) $F$ 边相等的多边形、内角相等的多边形

解：利用筛选法。考虑几种特殊的凸多边形，所有对角线都相等的有正方形、矩形、等腰梯形、正五边形。由于正五边形存在，可淘汰 (A)；由于正方形存在，可淘汰 (B)；由于等腰梯形存在，可淘汰 (D)。故 (C) 正确。

2. 做多项选择题及不定项选择

题，关键概念要清楚，概念模糊是做不好的。一般可使用做单项选择题的那些方法，或相互配合使用。另外还要注意首先看清题目的要求和给分规定。

①直接法：直接运用所掌握的知识逐一考察各选择项，有把握是正确的才选取。千万不能选错，因为多选题给分严，只要选错一个，即使其他几个都选对了，这题也得零分。因此，要区分相近概念，澄清是非，防止混淆。

②筛选法：在解多项选择题时，先比较易判断是错误的选项，给予淘汰。再对其他选项慎重分析、鉴别，筛去有迷惑性的选项。余下的又经仔细推敲，最后确定几项正确的答案。

③注意政、史、地三科试卷中的多项选择题或不定项选择题。答题时要求对错选、多选、漏选的都不给分，因此要十分细心，全部选对才能得分，而物理、化学试卷中要求有些不同：错选不给分，选对但不全对给部分分数。所以，对后者，能确定几个是正确的选项就尽量选出几项。

多项选择题举例：我们特别强调密切党群关系，是因为：（a）我国处于社会主义初级阶段；（b）我们党以全心全意为人民服务为惟一宗旨；（c）群众路线是党的根本工作路线；（d）人民群众是我们党的力量的源泉。

解：直接法和筛选法结合使用。首先淘汰（a），因为我国在任何革命阶段，都特别强调密切党群关系，不仅是因为处在社会主义初级阶段。直接考虑（b）与（d），说明了党和群众的鱼水关系。（c）群众路线是党的根本工作路线，是正确的。故选（b）（c）（d）。

3. 做选择题除需有坚实的基础知识、灵活的应变能力外，在技术上还应注意以下几点：

①认清题干，领会题意。找到解题中心，明确答题方向。

②全盘考虑，慎重选择，准确判断。认真研究每一个选择项，慎重选择最合适的答案。

③坚决果断，相信第一感觉。第一感觉往往就是最正确的判断。

④单项选择题答案惟一，所以万一判断不清，可凭直觉选出一个较合题意的；多项选择题和不定项选择题绝不能这样，对含糊不清的不能答上，必须选对、选准。

⑤抓紧时间，不要犹豫。选择题量大时间短，可先答上，有时间再进行检查。

总之，解答选择类试题的技巧很多，希望同学们在自己的实践中不断总结，形成有自己特色的一套解题方法。

# 不会做判断题怎么办？

判断题是标准化考试各学科常用的题型之一。它一般由两部分构成：前面部分提出判断的要求与方式叫"题干"，后面是判断的具体内容叫"题支"。它主要用来考查容易混淆的知识，大多采用画符号或写代号的形式作答，不写文字或写的文字极少。这类题覆盖的知识点多，节省时间，答案惟一，评分客观，评卷容易，可靠性大，有效性强，实用性广。进行此类题的训练，有利于同学准确牢固地掌握知识，能有效地培养提高思维的敏捷性与严密性。

我们做这类题时，主要应注意三点：

## 一、认真审读题，弄清判断的要求和方式

判断题的题干叙述虽简洁明白，但仍需仔细审读，要抓住关键性字词，区分细微差别，明晰判断的要求与方式。如语文考试中常见的这类题，有要求判断语句表达内容或语法结构上的正与误，也有判定意思的是与非；有的从正面提出要求，有的从反面提出要求；有的是单项判断，有的是多项判断。在方式上，有的要求加符号画对错，有的要求写代号……所以，读懂审清题意，把握住解题的要求与方式，是做好这种类型题的前提。

## 二、运用已有知识，分析判断题的具体内容

在读懂审清题意的基础上，要充分运用已有的知识，从多方面对题支进行周密思考。如判断句子的正误，就必须从思想内容是否正确合理、结构是否完整、词语搭配是否得当、指代事物是否明确、词序是否混乱等方面来细致思考。这是解答好这类题的关键。

## 三、科学操作，实事求是，争取最好成绩

做题时，有把握的先做，该得的分不丢；有困难的可进一步思考，力争考出水平；实在不懂的不能胡乱猜或侥幸取巧全部打对或全部打错，也不能模棱两可、打成似是而非的符号，让人难以分辨，这是不会给分的，弄不好连有把握稳得的分也丢失了。

总之，同学们对这种类型的题要慎重对待、细心思考、严格按要求办事，迅速准确做出答案，考出自己的真实水平，尽量避免做题时的差错和冤枉丢分。

## 不会做计算题怎么办？

做计算题的目的是巩固同学学过的基础知识，培养和提高同学的计算能力。

### 一、首先应该审好题

审题是做计算题的关键，做题时应该分析所要计算的题是属于哪一类型的题，是数值计算题、还是式子化简题、还是化简后求值题等。然后把有关的基础知识，如：运算法则、运算性质、公式等内容进行回忆，达到历历在目，便于解题时运用。

### 二、做题

做题是审题后把解题的思路按所需计算题的要求表达出来的过程。做题要达到保质、保量、快速，首先要靠审题思路正确，其次要靠运算和表达准确无误。

有些同学在运算上出现错误比较多，常见原因有：

1. 平时解题练习少，不经常自己动手做题，因而计算能力和表达能力无法得到培养。

2. 做题的独立性差、依赖性强，集中表现在平时做题时互相对答案，这样日久天长就形成了一种依赖思想。

3. 对基础知识掌握得不深不透不牢，解题时用的基础知识出现张冠李戴。

4. 有些同学做计算题时图省事用计算器进行计算，这对于打基础时期的学生时代来讲，必将大大降低计算能力，这种靠计算器换来的暂时的"快"付出的代价是计算能力的下降。

### 三、检查

检查是保证做题质量不可缺少的重要环节。这一步的任务是同学自己想办法判断做的题对不对，它是培养自己的独立思考能力的重要途径。检查的办法很多，平时常用的方法有以下几种：

1. 逐步检查法。从审题开始，一步一步检查。这种办法一般可以检查出计算、表达上的一些错误，但往往不能发现思路上的错误。

2. 重做法。如果时间允许，把做过的计算题重做一遍，看看前后两个答案是否一样。

3. 代入法。将算的结果代入公式或式子里，看看是否合理。当然检查的方法不仅是上面讲到的几种，同学应当结合具体的科目和具体的题目采用相应的方法来检查。

## 做不好应用题怎么办？

有的同学一看到应用题就害怕，不知从哪儿下手分析，下面谈谈分析应用题的一些基本方法。

首先要学好简单应用题，这是解答应用题的基本功。因为复合应用题都是由几个简单应用题组成的。

怎样分析复合应用题呢？由于思维过程不同，分为综合法和分析法两种。综合法是从已知条件出发，逐步推出要解决的问题；分析法是从问题出发，逐步追溯到已知条件。例如：红叶服装厂计划做660套衣服，已经做了5天，平均每天做75套。剩下的要3天做完，平均每天做多少套？

用分析法分析：要求平均每天做多少套，就必须知道剩下多少套（未知）和剩下的要几天做完（已知）；要求剩下多少套就必须知道计划做多少套（已知）和已经做了多少套（未知）；要求已经做了多少套就必须知道平均每天做多少套（已知）和做了几天（已知）。这样一步一步找出新的问题中的数量关系，直到新的问题所要求的数量关系都成为已知条件为止。

用综合法分析：题中告诉我们，已经做了5天，平均每天做75套，我们能求出5天做的套数；已知计划做660套和5天做的套数，我们能求出剩下的套数；已知剩下的套数和剩下做的天数，我们能求出剩下平均每天做的套数。根据题中给的已知条件，一步步找到需要解答的问题。

分析应用题时两种方法经常是互相配合，灵活运用。用综合法分析要随时照顾要求的问题，注意已知条件和问题的关系；用分析法分析要随时照顾已知条件，注意问题和已知条件的关系。不论用什么方法分析应用题，都要认真审题，理解题意，通过分析已知条件和问题间的数量关系，找出中间问题（也叫关键问题），最后求得应用题的正确解答。

## 不会做阅读类试题怎么办？

对于解答阅读类试题，不少同学感到困难重重，甚至连阅读基础较好的同学有时也觉棘手。究其原因，主要是未能抓住阅读类试题的特点，缺乏有针对性的办法。

所谓阅读类试题，顾名思义，即指有阅读任务的试题。阅读试题的类型有：全篇文章的阅读；在一篇文章中截取一个或多个语段的阅读；多种形式比较的阅读等。

解答阅读类试题的步骤一般有：

1. 全面浏览。力求快速、整体地把握阅读材料。

2. 审读题干。题干一般包括提示语、说明语、要求语和注释语。审读题干一定要弄清测试的要求，挖出试题的题眼理出解答的思路。

3. 比照题支。联系题干的要求，细察、比较选择支间的差异，把对测试要求的掌握和对阅读对象的理解结合起来思考，找到测试应答点的归属。

4. 思考推敲。这是精读的过程，通过分析比较、综合归纳、仔细推敲，排除干扰，确定答案。

5. 应答表述。对客观题正确检索选项，主观题组织准确的语言表述。

解答阅读类试题要注意几个问题：

1. 要着眼于全篇，不放过任何一个部分。如语文现代文的阅读题，解答时千万不要忙于解决具体问题，一定要着眼于整个篇章，精当地把握住材料的要领。议论性的，把握其大小论点、支撑论据、论证方法；记叙性的，把握其记叙何人、何事、何物，记叙程序，记叙特点，寄寓什么感情；说明性的，把握其说明对象、说明顺序、说明方法。有些还要把握阅读材料的出处、作者、背景等条件，联系这些方能准确解决问题。把握了阅读材料的整体，才能在宏观指导下准确解决微观的问题。同时还要把有关词句放到具体语境中去辨析，在具体语境中抓住关键词语。

2. 要注意灵活变通，答题时要打破思维定势，突破静态阅读；要放开思路，由此及彼，由表及里，拓展进取。

3. 有些题目还可以凭借直觉语感判定答案。

总之，对待阅读类试题有许多具体的方法步骤，这里不能一一尽述，只能从总的方面强调整体阅读、细心推敲、不离语境、逐个击破。而考场上解决阅读类试题的功夫，主要还是靠平时的阅读训练，养成精当阅读的习惯、定势和速度，考场上方能得心应手、应付自如。

## 不会做英语"阅读理解"题怎么办？

阅读理解题在整个英语考题中篇幅是最大的，因此它不仅要求学生能读懂，还要求有一定的阅读速度。既然它的目的是检查学生通过阅读获取信息的能力，我们就只要求采取浏览的方式把握文章传递的主要信息，不能像精读课文一样逐字逐句地分析钻研，以免耗费过多的时间。做"阅读理解"题，一般采取以下方法：

## 一、要严格按文章的内容来回答问题

有时恰好测试的内容是你所熟悉的题材，这时千万不要按你对这个题材已具有的知识来想当然地回答问题。

## 二、带着问题读文章

尽快地把文章后面的问题先看一遍，做到心中有数，然后带着问题去阅读短文，边读边捕捉文中与问题相关的信息点，初步掌握文章大意和作者意图。

## 三、把握住五个"W"和一个"H"

在快速阅读全文，了解文意的基础上，理顺思路，摸清脉络，然后把着眼点转到文章的每个段落上，尽快地把握住文章中的五个"W"（who, where, when, what, why）和一个"H"（how）。把握住了这些，就算抓住了整个事件的全部过程，即文章的详情和细节，做题时就会收到事半功倍之效。

## 四、抓住文章的主题

一般来说，一篇短文往往是围绕一个中心思想展开的。短文的每个段落都有自己的主题句来表达其中心思想。因此在阅读短文时首先要找出本段主题句，一般在每段的开头，也有在一段的结尾，或者隐含在全段各句中，这就要求学生去正确判断。

## 五、阅读必须讲究速度

在生词率少于3%的阅读材料中，一般阅读速度在每分钟60~80个单词。为达到快速阅读并提高能力的目的，一定要注意不要长时间停留在某个生词上，而浪费了许多宝贵时间。

## 六、猜测词义要有方法

每一篇文章都可能有生词，这是很自然的现象。我们可以利用构词法知识猜测词义，根据同位语、定语从句等说明性词语猜测词义，利用上下文的相关信息猜测词义，从本句前后的词来判断词义，运用已学常识猜测词义，等等。

## 七、注意认真分析文章体裁

在记叙性文章中，要注意时间、地点、人物、事件、结果等；在史地知识和科普文章中，应注意人名、地点、大小、数目、年代、作用、现象等。（可以用铅笔在试卷上分别打上不同的记号，核对时便于寻找。）

### 八、初选答案

对那些明显的、有把握的题可以断然圈定，不必把其余三个答案再作推敲。对有些略难的题，应再查阅短文（不是重读一遍），迅速找出依据。对一时无把握的题，可先试选一个（记号），待深思后决定。

### 九、复读文章，核对答案

要用全文的主题思想统率各思考题，研究其内在联系的逻辑关系，并依次审核答案。对那些拿不准的答案，要多看看，对照题目，推测判断，确保理解无误。

## 学过的定义、定理、公式不会应用怎么办？

教科书中的定义、定理、公式为了醒目，一般用黑体字印出，有些同学常常死记硬背黑体字，以为这样就是学会了。然而，在做习题、考试或是解决一些实际问题时，却不会应用这些定义、定理、公式，怎么办呢？

1. 老师教课时总是先举出一些具体事例，通过讲解、演示等方法，然后才归纳出定义、定理、公式，教科书也是这样编写的。因此，要认真阅读课本、听课，仔细观察课堂演示和动手做实验，要特别注意定义、定理、公式成立的条件，弄清它们是如何推导出来的，掌握推导的思路和技巧。这样才能深刻理解那些定义、定理和公式的内涵，为应用打下良好基础。

2. 要独立完成习题，这既是进一步巩固和掌握学过的定义、定理和公式，也是在尝试应用。做题前要先复习一下有关内容，解题中遇到了障碍还可再次进行复习。这是一个"实际——理论——实际"的学习过程，不应当不做习题，也不应当照抄同学的作业。

3. 解题时必须多动脑子，灵活运用学过的定义、定理和公式，特别是在考试时。平时做某些章节的习题往往带有某种暗示性，因为这些习题都是围绕这些章节讲的定义、定理和公式设计出来的，不会解题时还可再翻看书本，但考试却不能这样。因此解题时，要仔细理解题意，明确求解什么，弄清直接给出的已知条件，发掘隐含的条件；再考虑这种题属于哪一种类型，在什么知识范围内，一般用什么方法求解，思路要明确。当一种解法遇到障碍后，再用另一种方法试解；当陷入困境时，要运用发散性思维，如果获得某种一闪而过的知识上的联系和启示，就要赶紧抓住并追踪线索，这往往成为解题的钥匙。

# 如何写好文章

## 写不好作文怎么办？

作文怎样才能写好？必须从思想、生活、知识、技巧四个方面下工夫。

### 一、要有正确的思想

文如其人，只有思想正确的人，才能写出观点正确的文章。相反，思想修养不高，作文中的观点必然会有错误。

### 二、要认真读书

古人说读书好比熔铜，要用大囊袋不停地用力鼓风，才能把聚在炉里的铜熔化掉，作文就好比铸造铜器，只要把已经熔化的铜倒入模子就行了。所以说是"劳于读书（读书上下了大工夫），逸于作文（写作就不困难了）"、"读书破万卷，下笔如有神"，多读书，是写作取得成功的重要条件。

### 三、要多看多听

要多看，有这么一个故事：高尔基、安德烈耶夫和布宁，曾在一家饭馆玩过一种比赛游戏。他们三个人看到一个人走进来，经过三分钟的观察和分析，高尔基说出了他的脸色、衣着和手的样子，安德烈耶夫只是胡诌一通，他什么也没看清，而布宁不仅说得出他的外表特征，而且还下结论说他是个国际骗子。后来一问饭馆侍者，此人果然来路不正，名声很糟。这里说的多看，是指目的明确地多观察。随意看，常常视而不见，目的明确地多观察，那就能看到一般人看不到的东西了。《聊斋志异》中有几百个生动有趣的故事，其中有不少是作者蒲松龄在道路旁用烟和茶换来的。他听过路人讲的趣事，经过整理加工，使它们成了文学艺术的精品。作家要多看多听，初学写作者更要强调多看多听，要养成眼观六路，耳听八方的习惯。

### 四、要锻炼技巧

锻炼写作技巧主要靠多练。这些技巧包括观察分析、审题立意、选取材料、布局谋篇、运用手法、选词炼句、修改润色等。都需要自觉地长期地耐心地训练。多读、多看、多听、多想、多练，才能写好作文。

## 看到题目，一时觉得没什么可写怎么办？

老师把作文题写出来后，同学们有时会觉得没什么可写，比如有一道作文题是《童年趣事》，审题并不难，难的是要写出童年时有趣的事情来。有的同学觉得眼下没有什么有趣的事，于是心里不停地叫苦："没有什么趣事，怎么办呢？"其实这时最要紧的是既要紧张思考，又要平心静气，努力地在自己的生活中回忆、搜寻，最后总能找出有趣的事情来。

比如可能会回忆起读低年级时有一年暑假看鱼鹰捉鱼的情景，有一回跟邻居去捉蛇、回来看他杀蛇取胆的事，有一回舅舅带我去捉蟋蟀的事，到海滨城市去参加三好学生夏令营的事，参加课外活动小组跟金老师学变魔术的事，去年我们中队搞军事游戏的事……然后在这些回忆出来的事中，选出自己认为最有趣的来写。

又比如考卷上是这样的一个题目《童年的朋友》，这是写人的，那么就努力回忆自己曾经交往过的朋友们（包括同学），结果回想起许多好朋友：三年级我的邻座钱藏春同学，四年级邻座的李之明同学，五年级经常和我在一起复习功课的江焰华同学，同里弄的小欣、小刚等朋友，家乡同村的小虎、小兔等朋友。就如鲁迅先生写的《少年闰土》，通过回忆，童年时"我"与闰土交往的事，以及一个生气勃勃的农村少年的风貌，就历历在目了。闰土紫色圆脸，戴小毡帽，套银项圈，显得那么健康、天真、朴实；闰土捕鸟，捡贝壳，看瓜，是那么聪明能干、活泼可爱，知识是那么丰富；闰土讲述那些趣事，语言是那么质朴生动；而"我"和闰土分别后，他还给"我"贝壳、鸟毛，这种真诚热情，真使人读来激动不已。我们想象一下，当初鲁迅先生写这篇小说的时候，他正是浮想联翩，努力从记忆的仓库中把运水（闰土的原型）和其他农村儿童的可爱之处重新寻觅了出来。

从以上的"回忆"，我们自然想到积累的重要性。如果我们平时注意积累写作的材料，养成勤观察、勤读书、勤思考、勤记录、勤练笔的良好习惯，有目的地在头脑中多贮藏人、事、景、物，那么就可以避免看到一个题目一时感到没什么好写的情形。相反，由于平时积累了不少材料，记在笔记本上，记在脑中，这时一看到题目，便能较快地完成回忆联想的过程，较快地选择好材料，进入安排材料、打草稿的阶段，并有时间进行认真的修改，把文章写得很出色。

## 不会审题怎么办？（一）

审题是作文的第一步，而且是文章成败的关键性的一步。文章的立意就是在审题的过程中确定的。审题的具体任务，就是通过对作文题目的思考和分析，了解命题者的意图，弄清写作对象、范围和重点，明确立意，并确定文章的体裁。

### 一、同步审视法

同步审视法要求简化审题程序，采用扫描的办法，对题目瞥一眼，立即就能决定写什么，表达什么主题。比如《发生在我身边的一件趣事》这个题目，按常规审题的程序是：

1. 这道题写作的对象是：事。

2. 这道题写作的范围是：一件事。

3. 这道题取材的范围是：身边的事。

4. 这道题题旨的中心是：有趣的事。

5. 这道题的文章体裁是：记叙文。通过以上程序的思考和分析，然后再归纳总结，得出结论：用记叙文的形式，写一件发生在自己身边的有趣的事情。同步审视法的另一个要领是高屋建瓴。只有居高临下，才能一览无余。有些作文题，表意层次比较复杂，如果逐条推敲，必定费时间。这时只要抓住关键的一步进行思考，其他各步也就完成了。

### 二、化简因素法

对于多因素的作文题，可以使用化简因素法审题，化复杂因素为简单因素，化多因素为单一因素。这样，用极短的时间就能明确题旨，解决写什么的问题，从而达到快速审题的目的。所谓作文题目的因素，就是指文题提供的已知条件，也就是审题的出发点。比如《理想和梦想》这个题目就包括了"理想"和"梦想"两个因素。而《树木·森林·气候》这个题目就包括了"树木"、"森林"和"气候"三个因素。化简因素法有两个要领：一是合并同类因素，二是去掉无效因素。运用化简因素法审题，有时要全部舍弃题目中已有的因素，而去寻找新的因素。一些用联合结构的形式表达的作文题，往往是这样。

### 三、掌握重心法

有些作文题，只要准确地把握其表意重心，就能迅速明确立意，确定好选材范围和写作重点，在审题思维活动中少走很多弯路，这种方法叫做掌握重心法。文题的表意重心就是最能体现题旨的关键字词，也就是写作的重点。偏正结构的题型，其表意重心往往在偏的部分。如果作文题目是独词的，它的表意重心往往在这个词所代表的事物本质特点上，只要抓住它的本质特点进行思考就可以了，或写它的象征意义，或写它的比喻意义，或写它的引申意义。

### 四、反向思维法

反向思维审题法，又叫穿透障碍法。有些作文题，从字面上分析，从正面思考，恐怕绞尽脑汁也找不到突破口，不知如何下手。但是如果运用反向思维法，穿透字面上的障碍，从反面去思考，立即就能明确写作范围和对象，瞬间就能把题审好。如《古老的小镇》这个题目，从字面上看，是写小镇的古老，其实是要写古老小镇的新生，写它的新气象、新风貌、新变化。掌握了反向思维审题法，一见到这类题目，能迅速穿透文题表面的障碍，把思维引向反面，很快便能审好题目。

### 五、满足要求法

有些作文题，具体规定了写作要求。运用满足要求法审题，顾名思义，就是按文题的要求写作，对其他无需多加考虑。快速审题要求思维程序简化，要在极短的瞬间即明确题旨，确定写什么。满足要求法实际上是审题的捷径。审题时扣住题目的具体要求，就是抓住了题旨，文章的立意就明确了。满足要求法对于审给材料的作文题的确是一种行之有效的方法。

### 六、虚实错位法

所谓虚实错位法，具体地说，就是虚题实作法，实题虚作法，即由实写虚，由虚写实。一般说来，虚题都是比较大的题目，实题都是比较小的题目，因此，这种审题方法也可以理解为大题小做法和小题大做法。比如

《路边小草》、《由路边小草想到的》、《路边小草赞》这类题目，从表面看，题目实实在在，范围小，可以说是典型的实题和小题。运用虚实错位法审题，瞥一眼题目就会明白，这类题目不能就事论事写小草，必须采用实题虚作的办法。无论写散文还是写议论文（杂感），立意都应该是歌颂路边小草默默无闻、自强不息的精神或者赞美小草顽强的生命力，或者讴歌小草与世无争、不图名利的风格。写散文通过描写路边小草的形象来表达前面所说的立意，写议论文抓住小草的特点，以前面所说的立意为出发点，直接展开议论。

### 七、联系背景法

世界上的万事万物都是在一定的背景下产生的，要求事物的本源，自然离不开事物产生的背景。分析课文要介绍时代背景，评价人物要联系历史背景。作文的审题也一样，离不开题目的背景。有些作文题，孤立起来看，很难下笔，不知道怎样立意，但是运用联系背景法审题，在极短的时间内便能找到最佳立意。用联系背景法审题，不但思维过程轻松，审题速度快，而且题旨把握得准确，立意不会走题。

## 不会审题怎么办？（二）

作文审题还有以下方法：

### 一、数学配方法

有些作文题目出的是一个比喻的喻体或是一个象征性的事物，比如《暖流》、《春风》、《红叶》、《高高的荷花箭》等题目，初看起来，审题难度较大，但我们用"数学配方法"审题，很快就能明确题旨，完成审题任务。所谓"数学配方法"，就是借用方程的等式两边必须保持平衡的数学原理来审题立意的方法。这种方法，主要用来审察比喻性和象征性的题目。如果作文题出的是一个比喻的喻体，写作时就配上它的本体来写。如果题目出的是象征性的事物，就配上被象征的事物来写。

### 二、添加因素法

有些题目，命题者故意藏头去尾，使题目带有迷惑性，增加审题难度，用以考查学生思维的深刻性和敏捷性。对于这类题目，只要在原题目的基础上适当添加新的因素，题旨就会显露出来，化难为易，能很快完成审题任务。要注意的是，使用添加因素法审题，所添加的因素必须和原题目的已知因素保持同一性，不能异化。

## 三、文字改造法

有些题目，命题者为增加题目的新奇性或文学色彩，故意转弯抹角，甚至故弄玄虚，以增加审题难度。碰到这类题目，不必慌神，只要对原题的文字稍加改造，就可以化神奇为平易，很快明白题旨，完成审题任务。用文字改造法审题，要注意的问题是改造后的题目一定要忠实于原题的题旨，否则就会偏离题意。另外，文字改造法只是在对题目进行审视过程中的一种主观思维活动，通过这种创造性思维快速完成审题任务，在实际写作过程中，题目是不能改动的。

## 四、逆向入题法

前面介绍过反向思维法，说的是有些作文题从正面思考无法破题，而换一个角度以反面思考很快就能把握题旨，瞬间完成审题任务。这里所说的"逆向入题法"，是说有些题目按照常规以正面审题，也可以很快入题，完成审题立意任务。但是总嫌角度不新，立意不佳，因而不敢贸然下笔。这时如果舍弃正面攻坚，改从逆向入题，往往很快就可以找到新的突破口。好像战士面对着敌人的碉堡，从正面也可以攻破，但比较费力，伤亡也可能较重。如果不按常规打法，避开正面改从侧面或后面，出其不意发动进攻，也许更能克敌制胜，取得辉煌战果。我们把这种作战方法借用来审题，就叫做"逆向入题法"。

## 五、就事论事法

顾名思义，就事论事意即就着某件事、某个问题，直接论述这件事或这个问题，不能指东说西或顾左右而言他。俗话说："指着乌龟说王八，指着田鸡说青蛙。"也就是就事论事的意思。这种方法主要用于审视议论文中的评论性题目，思想评论、人物评论、事件评论、工作评论、新闻评论乃至于文艺评论等，运用就事论事法来审视，可以节省大量揣摩、思考的时间，加快审题速度。当然，在评论性文章的写作过程中，也会涉及被评论的事物以外的其他材料，但引用其他材料的目的仍然是为了阐述自己的观点，为评论服务。在评论的写作过程中，不管引用的材料有多么新奇、多么重要，都不能独立于文章，而自成观点。

## 六、借题发挥法

与就事论事相反的审题立意方法便是借题发挥法。这种方法适用于审视感想式的作文题，读后感、观后感、听后感一类题目，运用借题发挥法审视,能很快把握题旨,明确文章的立论方向。就事论事不能借题发挥,借题发挥则不能就事论事。运用借题发挥法审题,要掌握两个要点:一是"借题",二是"发挥"。借题之精髓、内涵,发己之见解、观点。

### 七、辨明关系法

有些议论文题目,是由两个或两个以上的词语或词组并列构成的,如《难与易》、《美与丑》、《鱼与水》、《自由与纪律》、《时髦与创新》、《伟大与平凡》、《成功与失败》、《发光与沾光》、《磨刀与砍柴》、《名师与高徒》、《"我要学"与"要我学"》、《"向钱看"与"向前看"》、《自负·自信·自满》、《观察·实践·思考》、《识才·用才·爱才》等。这类作文题,运用辨明关系法审视,很快就能掌握题旨。所谓辨明关系,就是用辩证思维的方法,辨清楚构成题目的词或词组彼此之间的特定关系,关系辨明了,审题立意的任务基本上就完成了。因为这类议论文的论点,一般说来,就是构成题目的词或词组之间的特殊关系。

## 不会确定中心怎么办?

作文应按怎样的要求来确定中心思想?要做到三点:

### 一、中心要正确

就是要做到确定了的中心思想必须符合积极向上的主题。不论写"大事"还是"小事",都要做到这一点。

### 二、中心要集中

文章要围绕中心思想,表现一个人某一方面的品质,或说明某一个道理。如果在作文时,又想表现这个中心意思,又想表现那个中心意思,结果一个中心也表现不好。

### 三、中心要鲜明

就是要态度明朗,赞同什么,拥护什么,热爱什么,反对什么,憎恨什么,毫不含糊。

怎样确定文章的中心思想呢?有以下几种方法:

### 一、从题目中寻找

在作文前,我们常常会遇到作文题目。有些作文题目直接规定了中心思想。比如,《我爱家乡的杏树林》、《我从来没有这样悔恨过》,前者规定了"爱",后者规定了"悔恨",这就明确标明了作文的中心思想,不需作者去"另辟蹊径"。还有一种情况是,题目没有直接规定中心思想,但是规定了内容范围。我们就可以根据这个范围，想想作文可以写什么内容，再由这个内容分析一下作者要表达什么思想感情。如《探索大自然的奥秘》，题目没有规定中心思想，但是，我们根据题目要求的范围，可以知道，文章可以写人们是怎样深入到大自然的怀抱，探索它的秘密的，从而分析出，这个内容可以表达作者热爱科学、热爱大自然的思想感情，而表达的这种思想感情正是文章的中心思想。

## 二、从材料中归纳

我们头脑中积累了很多材料。这些材料有很多是具体的、形象的、生动的。当我们选择了一些作文材料而苦于没有中心思想的时候，就可以从材料中总结归纳中心思想。例如，作文要求我们写一个人，还要求写出他（她）的特点，那么，我们从已有的材料中，怎样确定文章的中心思想呢？我们先来看一看某材料：

1. 奶奶总是找一些零碎布，接上衣，接裤子，把衣服接成了一道一道的。

2. 奶奶经常纳鞋底子，剪鞋样子，给家里的每一个人做鞋。

3. 我们不小心把瓜子、花生撒到地上，奶奶连忙弯腰去捡，她说："辛辛苦苦种出来的，怪可惜的。"

4. 奶奶里里外外一把手，什么活都干，总也闲不住。

这些材料，集中说明了奶奶的什么特点呢？经过分析，我们知道奶奶是一个又勤快又节俭的人。根据这个内容，我们可以确定这样的中心思想：文章通过奶奶补衣、做鞋、忙忙碌碌做事，赞扬了她勤俭的好品质。

## 三、从生活中提炼

生活是丰富多彩的。我们可以从多彩的生活中，提炼出中心思想。比如，我们在冬季会经常遇到下雪的情景。我们在赏雪时，思想感情也会有所变化。下面的这种感觉，我们似乎都有过。雪下起来了。起初，下的是雪粒，好像半空中有个人抓把白糖一把一把地往下撒。不一会儿，雪就下大了——小雪粒变成了雪片，像鹅毛似的轻轻飘，慢悠悠地落下来……望着这样的雪景，人们一定会有感受：雪美，生活美，我们热爱大自然，热爱生活。这就是人们从生活中提炼的中心思想。用这一思想去写作，写出的文章必定有浓厚的思想感情。

## 文章立意不高怎么办？

文章的"立意"就是确立作文的中心思想。"立意高"就是说中心思想不仅要正确，而且要深刻。立意愈高，读者受到的教育和启发就愈大。鲁迅先生说："选材要严，开掘要深。"我们说，选材与立意有直接关系。比如，让你写一篇《寒假见闻》。不要说，在寒假里，你亲眼看到的、亲耳听到的事情太多了，总不能无选择地把所有的事情一股脑儿塞进自己的作文中，也不能不假思索地随意选取一件或几件。只有严格地选择那些有意义的材料来写，才能使具有一定深度的"意""立"在其中。文章要"立意高"，下面几点要注意：

### 一、准确

这是立意之本。准确是指文章的立意能够切合话题，或是与话题有一定的关联性。切题才是准确，否则，主题再好，也是枉然。此外，还要注意立意要有针对性。选取人们最感兴趣的、最能反映人们思想感情的作为主题，文章才能最大限度地激起反响。当然也有"技术"问题，审题要认真分析题目，抓住题眼作文章。

### 二、深刻

深刻指文章有思想深度，选择自己最有体会的人生感悟，挖掘生活的底蕴。初中生写作，在立意上难以深入，原因往往在于浅尝辄止，没有深入开掘。所谓开掘就是深入思索，挖出事物最本质的东西来。

### 三、新颖

新颖指文章要有新鲜感，没有空话、套话，没有陈词老调，有的是自己独特的感受和见解。如果思想懒惰，人云亦云，所写文章必是千人一面。要让立意新颖，可以渗入时代新观念，奏响时代最强音；可以反思旧说俗见，或摒弃，或吸收，或改造，推陈出新；可以从毫无价值的立意中另辟蹊径，发现并凸现其闪光点，翻出新意；多方面地调动其灵感思维，可以开阔思路，由此及彼，有利于找到有新意的立意。

### 四、简约

简而明才称得上"约"。就立意而言，简明、集中是对主题的要求，相反，主题分散，想面面俱到却面面不到，是立意之大忌，切不可因多意而乱文。要做到"简约"，就需要高度的概括力。思维不进行概括，表象就无法升华为本质，认识就无法实现理性的飞跃，思想就不可能达到简明、集中了。只有思想内容单一集中，才有可能写得深刻。一定不能有两个以上的主题，主题不可过大，否则不易驾驭，不易深入、透彻。

### 五、有时代感

时代感是指文章最好能紧扣时代脉搏。有现实感，反映时代精神，这样我们的作文就会常写常新。我们的作文立意，应当考虑当前的生活实际，尤其是一些热点的社会问题、社会现象。文章必须有时代精神，主题才能新颖、深刻。顺应时势的文章，才有时代感，才有针对性。当然，写文章时也不能不联系实际而只是空发议论，"假、大、空"的语言充斥文章，这样读来会令人乏味、生厌。

### 六、格调高

格调高是指文章的立题要健康向上，体现出当代中学生昂扬向上的精神风貌。社会生活中不乏阴暗面、消极事。考生也并不是不可写揭露社会之阴暗面、消极事的文章。关键在于中学生知识面窄，人生阅历浅，辨别是非能力较差，分析问题时往往缺少理性，容易片面化，只写揭露社会中阴暗面、消极事，因此一定要把握好尺度，看问题绝对不能片面化、绝对化。切莫只顾自己宣泄情感。文章要少流露消极颓废的人生态度。应尽量多一些赞美，少一分揭露；多一些讴歌，少一分曝光；多一分理解，少一分宣泄。生活本来就是这样美好，我们何必非要给自己的生命涂上一层单调的灰色呢？

## 作文不会开头怎么办？

作文的开头和结尾是阅卷老师阅读的重要位置，因此打造一个精彩的开头和结尾，就会使文章出现"亮点"，从而吸引阅卷老师的眼球，提高自己作文的分数。

撰写一段精彩的开头，一见钟情。古人称文章的开头为"凤头"，就是说开头要美丽精巧、新颖贴切，要有创造力、震撼力、吸引力，让阅卷老师一见钟情，产生一种必欲读之而后快的感觉。因此，下笔之前一定要精心构思、反复琢磨，务求精工。

### 一、设计题记，新人耳目

如有篇中考满分作文《朋友，我要说声谢谢你》，它的开头是这样的："缘，让我与你相识在桂花烂漫的九月；梦，又让我与你分别在烈日炎炎的六月。朋友，在与你相处的四个春去秋来的日子里，友情让我加倍珍惜。是你让我惨淡的日子也变得精彩，是你让我发现了生活的美丽，是你让我骄傲的心得以让谦虚驾驭。一切的一切，让我追寻与你共同走过的脚印。——题记"在这篇文章中，考生别具匠心地在正文前面设置了一个题记，既渲染了浓浓的氛围，为全文定下了抒情的基调，又含蓄地交代了"我要说声谢谢你"的原因，巧妙地诠释了文题。而且句式整齐，富有文采，很有感染力和吸引力。

### 二、言此意彼，曲径通幽

如中考满分作文《美丽人生》的开头："有的人喜欢把人生比作一条路，有的人喜欢把人生比作一杯酒，有的人喜欢把人生比作一团麻。我却喜欢把人生比作花。"在铺陈了他人对人生的种种理解后，小作者话锋一转，亮出了自己的观点："我却喜欢把人生比作花。"由此进入文章的主体部分，可谓言此意彼，欲擒故纵，曲径通幽，韵味悠长。

### 三、铺陈排比，蓄势待发

有一篇题为《门》的优秀作文，是这样开头的："绿色推开了春天的门，雨推开了夏天的门，果实推开了秋天的门，瑞雪推开了冬天的门，书籍推开了知识的门，智慧推开了理想的门，理想推开了成功的门，听，到处都是开门的声音……"本文开篇，作者连续用了8个结构相同、含义隽永的句子，从不同角度赋予了"门"独特的寓意，既揭示了"门"的丰富意蕴，又形成了一种层层递进、不可遏止的雄浑气势，自然引出了下文"推开人生之门"的主题。

### 四、托物起兴，暗度陈仓

曾见过一篇优美的习作，题为《关爱永远》，开头是这样写的："朝阳出来了，湖水为它梳妆；新月上来了，群星为它做伴；春花绽开了，绿叶为它映衬；鸟儿在鸣唱，蟋蟀为它伴奏……天地万物都在向我们讲述着爱的故事。"文中，作者从自然现象入手，托物起兴，铺叙了自然界中许多事物之间都充满了浓浓的"关爱"，并且运用拟人手法，使这些事物具有人情味。接下来不用看就知道，肯定要过渡到"人与人之间也应存在关爱"的相关主题，如风行水上，自然成文。

## 作文不会结尾怎么办？

作文的开头和结尾是阅卷老师阅读的重要位置，因此打造一个精彩的开头和结尾，就会使文章出现"亮点"，从而吸引阅卷老师的眼球，提高自己作文的分数。

锤炼一个精当的结尾，能够起到画龙点睛的作用。好的文章结尾能够产生一种"余音绕梁，三日不绝"

的艺术效果，增强文章的感染力，唤起读者的思考和共鸣，让读者沉浸在文章的境界之中，久久回味。

## 一、添加后记，余韵悠长

如江苏泰州中考作文话题为"只有一个"，有篇优秀作文《鲁迅先生，只有一个》，在正文之后，小作者还加了一段"后记"："先生正等着我们走出浮华的海面，款款地步入他的心房，与他进行灵魂深处的交流！——后记"在文章的主体部分，作者通过比较尽显鲁迅及其作品的非凡价值，表现出面对社会冷落鲁迅的愤慨，进而呼吁我们去亲近和阅读鲁迅及其作品。而后记部分则换了一个角度，从鲁迅先生的视角，呼唤着我们与他交流，使文章更进一步敲击着读者的心扉，从而走近鲁迅。可以说，这一段后记，堪称画龙点睛之笔，与文章的主体部分互为补充，相得益彰。

## 二、提出问题，引人深思

有一篇中学生优秀作文《简单与不简单》，在列举了种种"简单与不简单"的现象、分析了"简单与不简单"的辩证关系之后，文章结尾时，作者写道："我们每个人身上都同时有着简单和不简单，问题是我们该追求什么样的简单和不简单。朋友，你说呢？"在这里，作者巧妙地提出了"该追求什么样的简单和不简单"的重大命题，引发了读者深沉的思考，启示着人们作出正确的抉择，追求有意义的人生。作者尽管没有明说，但引人深思，催人警醒。

## 三、卒章显志，主旨鲜明

如半命题作文"这是我的＿＿"，有个考生在横线上填了"承诺"一词。在具体展现了"承诺"的形成过程之后，作者在结尾一段写道："无论在人生中会遇到什么样的困难，都永远不会放弃，做一个生活的强者！——这就是我的承诺。"在文章的结尾，作者非常明确地表达出"我的承诺"的内容，既紧扣文题，又揭示出文章的主旨，可谓卒章显志，曲终奏雅。而且，这一句富含激情、掷地有声的话语，显示出小作者坚强的决心、豪迈的气概，可爱可敬，感人至深。

## 四、出人意料，戛然而止

这种结尾不是按照故事情节的通常逻辑，来处理人物或事情的结局，而是用意想不到的结局戛然而止，让人在目瞪口呆之余，不禁感叹作者的奇思妙想、生活的千变万化。如一篇学生习作《门·钥匙》的结尾写到"我捏着钥匙，伸过手去开那扇紧锁的门，钥匙刚一触到门——啊，门竟然没锁！原来我一直认为紧锁的门，根本就是开着的。"这种出人意料的结尾，大大增强了文章的魅力，使读者在意外之余多了一些理智的思考。

　　一个精当的结尾，会使全篇大放异彩，熠熠生辉。结尾的方法丰富多彩，没有固定模式，关键是要善于根据所写文章内容的需要，选择一个恰当而巧妙的结尾。

## 不会描写景物怎么办？

　　所谓描写景物，通常指描写自然景物，但也包括对社会景物即社会环境的描写。景物描写是学生作文的重要内容。景物描写的内容十分广泛。山川大地，风雷云电，春夏秋冬，清晨午夜……以及这些事物的交错组合就构成了景物描写的对象。写作的目的则因文而异。有的在歌颂祖国山河的壮丽，有的则借写景而抒发某种感情。

　　要写好景物，应该注意以下几个方面：

### 一、抓住景物的特征

　　对所写景物认真观察，抓住特点，是写好这类文章的前提。而抓住景物的特点，关键在于作者细心的观察，并将观察所得铭记于心。正所谓"静观默察，烂熟于心"。因此，要求在观察中，善于抓住不同季节、不同时间、不同地区中景物呈现出的颜色、形态、声响、气味等方面特有的变化，善于通过眼、耳、鼻、舌、身等感官去观察、体会。这样，才能抓住景物特征加以描写。为此，一要注意不同季节的特征。一年有春、夏、秋、冬四季，季节的变化会引起景物的变化，每个季节的景物都有各自的特征。二要注意时间变化的特征。有的景物在不同的时间往往各有特征，白昼、夜晚、早晨、黄昏都为景物涂上了不同的色彩。三要注意气候不同的特征。同一景物在雨中、风中、雾中、雪中所展现的景观是不同的。四要注意不同的地理特征。南方、北方、城市、乡村、高原、平地，不同的地域，有着各自不同的景物特征。

### 二、要选好观察的角度

　　选好观察的角度，就要先确立好观察点。要根据表达的需要运用固定立足点和变换立足点观察景物的方法，或远观，或近觑，或仰视，或俯瞰。同时，要注意观察的顺序，是由近及远，还是由远而近？是由上而下，还是由下而上？这是指空间的变换。还可以时间的变化或游览的先后为顺序。这样，所描写的景物才不会杂乱无章。总之，要做多角度、多侧面的描写。

### 三、安排好描写的顺序

景物描写的顺序一般分为空间顺序和时间顺序两种：

空间顺序：一般是取一个固定的观察点，按照视线移动的顺序依次写出各个位置上的景物。还有一种空间顺序，不取固定的观察点，而随着观察者位置的转移来描写景物，这叫做游览顺序。

时间顺序：同一个地方在不同的时间里，其景物是有变化的，按一定的时段依次写来，可以表现出景物的丰富多彩，使人产生美的感受。时段有长短之分，长时段如春、夏、秋、冬，短时段如晨、午、暮、夜。选用哪一种时间顺序，应视描写对象的特点而定。

### 四、要融情于景，表达主观感受

国学大师王国维曾断言："一切景语皆情语。"景物是客观的，而写景之人则是有情的，作者对任何景物，总会有自己的感情。没有感情色彩的景物只不过是苍白美丽的"躯壳"，难以达到感人的目的。同时，观察、描摹景物的过程本身也是写作主观感受的过程，因此，要在写景的字里行间，自然渗透感情，寓情于景，做到情景交融，物我一体。写景贵有情，在描绘客观景物的同时，要把自己的喜怒哀乐等思想感情融注到作品中去，使读者产生共鸣，进而给读者带来愉悦之情、陶醉之情，将读者带入特定的情景之中，受到美的熏陶，获得美的享受。

### 五、运用动静结合的手法

只写静景，很容易使文章呆滞，而只写动景，又可能失去稳定。只有将静态描写景物形态特征和动态描写利于传神的长处结合起来，所绘景物才会具体、生动，给读者留下深刻的印象。

描写景物需要绘形、绘色、绘声，仿佛使人看得见、摸得着、听得到，这就需要尽可能选用那些生动形象的语言。因而要善于找到最能表现景物特征的动词和一些恰当的形容词，尤其要善于运用比喻、拟人等修辞方法，但要注意不能堆砌辞藻。

## 不会描写人物怎么办？

文章要反映社会生活，而社会生活的中心是人，可以这样说，生活就是各种各样人物的活动，因此，我们应把人物描写作为写好文章的重点。人物描写的运用很普遍，人物描写的目的是刻画人物的性格，表现人物的精神面貌，这同时也能更深刻地表达文章的中心。人物描写应力求具体生动，能做到绘声绘色地再现"人物"，让读者如见其人，如闻其声。

人物描写的基本方法可分为四种：肖像描写、语言描写、行动描写和心理描写。

### 一、肖像描写

指把人的容貌（脸型、五官）、神情、身体形态、衣饰、姿势、风度等方面的某一部分或几个部分，用生动具体的语言描述出来。肖像描写，不要求写全貌，它重在表现人物的性格，突出文章的中心思想。其作用不仅在于勾画出这个人物的外部面貌，而且是为了以"形"传"神"，即通过人物的某些外部特征来揭示这个人物的性格。它往往着重于人物的面部、身材、服饰，以表现人物的身份、风度、神韵和表情。

### 二、语言描写

言为心声，人物的话语最易"泄露"人物心灵的秘密，最能灵活而直接地展示人物性格。它可以充分、细致地将人物的内心世界袒露出来，因此，人物的言语描写是刻画人物形象的重要手段。语言描写要反映人物的个性特征。由于时代、职业、身份、年龄等因素造成的差异，人们说话的内容、方式各有不同，语言描写就是要抓住能表现人物个性的语言，写出"这一个"来，使读者如闻其声，如睹其容。语言描写宜简洁得体，不可拖沓散漫，有悖于人物身份。语言描写主要表现为对话描写。

### 三、动作描写

就是让人物用行动来表现自己。行动是人物性格的具体表现，最能显示人物的性格特征。人物的一举手、一投足、一个姿势都能很好地表现人物的性格。所以对于人物行动的描写是展示人物性格、塑造人物形象的主要方式。这里所说的行动，不是人物的一切行动，而是最有意义、最能显示人物性格，或者能推动情节发展的那些行动，包括人物的习惯性动作和下意识举止在内。行动描写就是让人物在"做些什么"和"怎样去做"中去展示自己的价值观念、情感特性、性格气质、精神状态等，使读者透过人物的"所作所为"作出相应、相似、相关而不相悖的判断。

### 四、心理描写

是对人物在一定的环境下产生的想法、感触、联想等内心的思想情感活动的描写，它旨在深刻地揭示人物的精神世界和思想品质。如果说人物的肖像、言语、行动的描写侧重于展示人物形象的外部风貌，让读者透过这些描写窥见或感受人物内心的活动，那么，心理描写则直接披露人物的内在隐秘世界。它们的互相结合，就能够使人物形象更为真实、完整、丰满而且深刻，因而也更加富有艺术感染力。在心理刻画时，要注意捕捉人物内心的变化，尤其是那些一闪即逝的心灵波动。在描述心理变化轨迹时，要做到波澜起伏、跌宕多姿。

## 不会描写心理怎么办？

心理描写是对人物的心理活动进行描写，它的作用是揭示人物的内心世界、刻画人物性格、深化作品的主题。那么，如何练习写好心理活动呢？在此，给同学们提供一些练习的方法。

### 一、练习写"一事一人一想"

见到一件事，就某个人是怎么想的，作一篇短文，哪怕只有几十字、百八十字也好。这样便可以从简单到复杂，从少到多，从浅到深，步步提高写作技巧。如，有一名小学生，他自己订一个计划，每周写一篇习作，并将计划付诸实现，结果长进很快。比如，接过老师发下来的得百分试卷时的心情，考试中同桌告诉自己答案时的想法，妈妈夸奖自己被评为三好学生时的心理活动等，他都如实记下来。他还写"猜想文"，就是在某件事发生后，猜想别人是怎么想的，及时写成短文。

### 二、练习写"一事多人多想"

如，一个小同学就某学生坚持数年背着残疾同学上学、大学招生考试获全区第一名的学生来校作报告等，写下自己、老师、同学、家长的心理活动。又如，一名同学就学校召开学生家长座谈会发生的事写了"多人多想文"。那次座谈会上，六年级考第一名的学生向家长们介绍了自己的学习方法。一名同学写了听讲时几位家长的心理活动，形成了一篇"多想文"。

写"多人多想"文应该注意几个问题：一是写心理活动要符合人物的身份；二是要真实、深刻；三是要观点明确，反映正确见解。

### 三、养成推敲与修改的习惯

应该在明确心理描写的特征和要求的前提下，经常练笔，养成推敲语言与修改文章的良好习惯。一篇心理描写的文章写完后，要多看几遍，看看用词是不是准确、鲜明,看看层次是否清楚、衔接是否紧凑,看看运用的描写方法是否合适。如果运用比喻,看看比喻是否贴切。只有不断推敲与修改自己的文章,才能使文章越写越好。

**四、养成观察与积累的习惯**

写文章离开观察是不行的。写心理活动同样需要下一番观察工夫。如,你的同学在某一种环境中高兴时的表情、动作怎样,苦恼时的表情、动作又是怎样;你所熟悉的人,你常见的他们的行为表现都反映了怎样的心理活动,等等。都要留心观察、细心琢磨,总结出一些规律,掌握一些典型的"镜头"。在此基础上,养成积累材料的良好习惯。所见所闻,只要有所得,就要记录下来。要记录的东西多着呢,如读书读报看电影看电视、听评书听相声等,对你学习描写心理活动都会有好处,你随时都可以有选择地记录下来。准备几个笔记本,分门别类地积累材料。要有蜜蜂采蜜的精神,点滴积累,积少成多。还要会运用自己所积累的材料,要学会"找米下锅",使你积累的材料发挥应有的作用。

## 不懂抒情怎么办?

什么是抒情?就是把自己爱、憎、好、恶等感情,用文字表露出来。用什么方法来抒情?有两种方法。直接抒情和间接抒情。

怎样直接抒情?不叙事,不描写,直接地坦露地抒发自己的情感。"直抒胸臆"也就是这个意思。如诗人柯岩写的《周总理,你在哪里?》就有直接抒情:

周总理,我们的好总理,
你在哪里呵,你在哪里?
你可知道,我们想念你,
——你的人民想念你!

但更多见的是用间接抒情的方法:有的借事抒情,有的借景抒情,有的借物抒情。

《别了,我爱的中国》借乘船离国这件事,抒发爱国之情;《再见了,亲人》借志愿军归国与朝鲜人民惜别的场面,抒发中朝人民亲如一家人的感情;《南极的除夕》是一篇通讯,在文中借对长城站落成于新春佳节,考察队员们与慰问团欢聚一堂的情景的描述,最后抒发了这样的感情:"亲爱的党,亲爱的祖国,纵然远隔重洋,我们的心永远和您在一起。"

这些就是"借事抒情"。

《梅雨潭》、《桂林山水》等文章，借景色的描写，抒发了热爱大自然、热爱祖国美好河山的感情；《可爱的草塘》，通过对草塘外美内富的描述，抒发了热爱北大荒，歌颂北大荒美丽富饶的感情；《南湖》则描写了"微雨欲来，轻烟满湖，登楼远眺，苍茫迷蒙"等景色，抒发了对中国共产党无限热爱的感情。这些就是"借景抒情"。

《我爱故乡的杨梅》，描写了杨梅，抒发了热爱、眷恋故乡的感情；《葡萄沟》通过描写"到了秋季，葡萄一大串一大串挂在绿叶底下，有红的、白的、紫的、暗红的、淡绿的，五光十色，美丽极了"等，抒发了赞美葡萄沟及维吾尔族老乡的感情；《繁星》通过描述三次见到繁星的情形，尤其是最后一次的"如今在海上"，见到"深蓝色的天空里悬着无数半明半暗的星……"而抒发了作家的爱国情怀。这些都是"借物抒情"。

有时"借事"、"借景"、"借物"或是两者结合，或是三者结合。如"借事"的《别了，我爱的中国》中也有"借景"，"借景"的《南湖》中也有"借事"，"借物"的《葡萄沟》、《繁星》中也有"借景"、"借事"。

抒情的技巧主要有以下三种：

# 一、直陈肺腑

抒发真情实感，可通过朴实无华的手段直接展现在读者面前，即敞肺腑于直陈。这种抒情方式看去似乎比较简易，有怎样的情感直接讲出来，不用找"附着物"，但它难于掌握之处也正在此，要想以此打动读者，一要情真意切，二要朴实自然。例如，有篇文章中，笔者以第二人称"你"来写，面对面"交流"，推波助澜，读来娓娓动人。最后更以"父亲"、"母亲"直呼，不可压抑的激情可见一斑。如："我不忍心，无论走到哪里我都会想念你，恋你——家乡的枇杷树。""你是我的母亲，滋润了我干涸的心田；你是我的父亲，支撑了我坚定的信念。"

# 二、故设悬念

"动人心者，莫先乎情"。有一篇以情制胜的佳作，作者思想感情的潮水并未开篇就一泻千里，而是故设悬念，以"是什么牵扯着我的心"设疑，并做种种并非真正意图的猜测，为下文"你"的出现埋下伏笔。而"你"的出现本身也是一个疑问，"你"是谁？笔者巧妙的安排。在倾泻了大量的感情之下，在文章末尾才加以点破，感情犹如蓄势待发的洪水终于找到了出口点，喷薄而出，颇有鲁迅之风。

### 三、亦嗔亦痴

抒情要注意显出情感的复杂性，是要求作者很好地把握住客观事物的复杂性，不能只靠几个粗略的预制的框子去套错综变化的情感。笔者就很好地把握了这一点。如："我在听，你在哭泣。为什么？我不懂，你的世界近于禅，叫人摸不透。""还记得曾经无知的我在你手心划下的一刀吗？现在还疼吗？对不起，你为我付出的太多太多，我欠你的也太多太多了。"在这些近于呓语的自问自答中，笔者以细腻的笔锋描写出对"你"深厚的感情，亦嗔亦痴，读起来让人荡气回肠。

## 作文感情不真挚怎么办？

作文感情要真挚动人，包含有两层意思：一是不要"无病呻吟"，不要"矫揉造作"，更不要"假大空"，即情感是发自内心，出乎真情，不虚假，不"矫情"，不表言不由衷的情，不说虚情假意的话。二是要坚持正确的价值取向，要用正确的人生观、价值观、道德观、是非观去观察生活、思考生活。要寓情于细节描写之中。典型生动的细节往往是抒情的突破口，人物的细腻情感往往从一些细小的事上自然而然流露出来。抓住了这些"细节"往往能达到摄人心魄的作用。要树立热爱生活的态度，以一颗诚挚的充满人文关怀的心去观看世界，关注生活，关心他人。

作文怎样才能做到感情真挚动人呢？

### 一、要学会体察真情

作文要表达真挚动人的情感，就要学会观察体味生活：一要学会找生活的"动情物"。即善于发现生活中蕴藏着真挚情感的实物载体，大至长江黄河，小至书签枫叶，只要能引发情感的波澜，都可以之为媒，谱写华章。二要学会抓情感的"触发点"。人的喜怒哀乐等情感的爆发，往往有其特定的触发点，也许就是突然出现的一个人，或是不经意中的一句话，学生如能采撷这些触发情感波澜的"点"，自然能让"真情"之花绽放。

### 二、要勇于坦露真情

在对事物的观察中，我们要尽可能地倾注自己的情感，情注于景，情寄于事，情融于理。用"情"构筑，文章才会有血有肉，写出来的东西才会来得独特、来得动人。高分作文，都是学生浓烈感情的结晶。坦露真情，首先，要进入角色。能否进入角色是作文成败的关键。只有进入了角色，你才会热情饱满地十分投入地叙事抒情议论，才能把内心的那份真情淋漓尽致地表达出来。其次，要赤诚相见。无论是写记叙文还是议论文，都要像与知心朋友谈心一样，推心置腹，苦口婆心，才能成就动人之作；如果隔岸观火，隔靴搔痒，绝对成不了佳作。最后，要不怕丑，要敢于家丑外扬。每个人都曾做过一些错事，敢于亮丑并战胜丑，这样的心灵是美丽的，是崇高的，也是最能拨动读者心弦的。

## 三、要善于升华真情

作文要真正动人心弦，光是作者有一腔热情是不够的。还需要睁开自己的一双慧眼，去发现真情的载体，体悟真情的火花；还需要拿起自己的一支妙笔，来巧妙地表达生活的真情，绽放真情的光芒。

## 四、在细节描写中绘出真情

真情实感离不开生动的、典型的细节，细节的多少和真实与否，反映出作者对生活的体验程度的深浅，也直接关系到文章是否有真情实感。典型生动的细节往往是抒情的突破口，

人物的细腻情感往往从一些细小的事上自然而然流露出来。抓住了这些"细节"往往能达到摄人心魄的作用。

## 五、在矛盾冲突中见出真情

"百炼之后始见真"，真情是锤炼出来的，矛盾冲突的双方便是两把大锤。考生只有让文章中的主人公面对激烈的矛盾冲突，经历痛苦的情感历练，最后才可让读者感受这来之不易的真实情感，并为之唏嘘感叹。

## 六、在叙议结合中深化真情

不少学生不注意叙议结合，只是在作文中堆砌材料，自难抒发真挚情感。只有在叙述材料的基础上有针对性地进行分析和论述，使真情得到深化和拓展，才能使论证以理服人，更以情感人。

## 七、在材料的选取中凸显真情

生活中有许多真实感人的典型事例，选择最能触动自己的事情下笔，挖掘出平凡生活中不平凡的意义，自能掀起情感的波涛。

## 八、在得体的表达中毕现真情

感情是否真挚动人，很大程度上依赖于得体的语言表达。在写作中，如果考生能恰当运用记叙、描写、议

论、抒情等表达方式表情达意，或激情荡漾，独抒性灵；或机智幽默，富于想象；或委婉得体，合情合理；或庄谐并出，嬉笑怒骂……让读者或心湖荡漾，或鼻头发酸，或心头大喜，或笑靥绽放，分数自会为之一提。

# 想叙事有起伏怎么办？

同学们在写叙事类的记叙文时常常为不能把事情叙述得生动感人而苦恼，其实只要掌握恰当的叙事方法，把记事类文章写得生动起来并不是什么特别的难事。

### 一、精挑新颖独特的叙事角度

叙事作文一旦选好材料之后，要使叙述的事情生动，就必须精心挑选一个新颖独特的叙事角度，即平常所说的叙事的"切入点"。只有把握好了叙事的角度，写起来才会得心应手，文章才能一气呵成。例如，我们平时看到过很多写父爱的文章，为什么唯独朱自清先生的《背影》给我们留下的印象最为深刻呢？这很大程度上是因为朱自清先生选择的叙事角度与众不同，他抓住人物形象的一个特征——特殊环境、特殊地点下的"背影"，不惜笔墨作具体细致的描摹刻画，表现的角度新颖而独特，体现出的感情也就更为浓烈。父亲对儿子深挚的爱，儿子对父亲的理解、怜惜、怀念，全部凝聚在这个背影里了。因此，要把事情叙述的生动起来，就必须精心挑选一个好的叙事角度。

### 二、巧构跌宕起伏的叙事情节

古人说"文似看山不喜平"。同样的一个事情，平淡、拖沓、老套的叙事方法，是不能够吸引读者的阅读兴趣的。如果在叙事过程中能不断设置跌宕起伏的故事情节，这样就能使所叙述的事情生动起来，也就会紧紧地抓住读者的注意力，引导读者沉浸在故事情节中，从而达到全身心投入的阅读效果。例如，鲁迅先生的《社戏》在叙写"去看社戏"这个情节时，就先写了"我"非常想去看社戏，可是外祖母不同意，等争取到外祖母同意后，小伙伴们却因为白天已经看过，又不想去了，后来小伙伴们答应和"我"一同去看社戏时，却又找不到船……这样叙事使每一次的行动都变得难以预料，整个叙事情节波澜起伏，吊足了读者的胃口。所以，一波三折的叙事手法，可避免叙事的平铺直叙，增加文章的生动性和曲折性，吸引读者，满足读者的审美要求，产生感人的艺术效果。

### 三、打造鲜活生动的细枝末节

鲁迅先生在他的小说《孔乙己》中写孔乙己掏钱买酒的动作就是典型的细节描写。孔乙己有钱时是在众人面前"排出九文大钱",而穷困潦倒没有钱时作者写他从怀里"摸出四文大钱",这一"排"一"摸"可谓写尽了孔乙己的坎坷悲惨的一生。所以要使叙事生动起来,写活事件中能表现人物性格命运的细节,就显得尤其重要,因为这直接影响到叙事的内容是否生动感人。在叙事中打造生动的细节描写,要注意用词准确、贴切、富于变化,以增强语言的表达之美。

### 四、细选丰富多彩的修辞手法

如果语言干瘪,不生动形象,缺乏美感,就不能引起读者的兴趣,也就不能更好地达到写作目的。要使文句生动、精彩,就应注意讲究修辞手法的运用。在叙事类文章中运用各种修辞手法是使文章生动形象的最有效途径之一。以鲁迅先生的《故乡》为例,为了生动地表现不同时期的闰土和杨二嫂的变化之大,作者用了很多对比和比喻,使读者对此一目了然,从而揭示了辛亥革命的不彻底性,揭露了当时社会的弊端,启发人们去思考、探索、寻找希望之路。所以说叙事的内容表达得是否生动,文采是否斐然,很大程度上受到作者如何选择修辞手法的影响。

使叙事生动起来的技法远不止这些,还有很多。如多种表达方式的综合运用,点面结合的场面描写,确定合理的叙事线索,等等。

## 不会扩写怎么办?

扩写就是运用写作技巧展开联想,将原来不具体的内容,通过想象,扩展成一段篇幅较长、生动活泼的文章。但扩写和改写有所不同,要求不改变原意,只是在原有的基础上进行丰富和补充。

扩写可以分成两大类:一类是扩展情节——加以细节描写,使其更丰满、合理。另一类是全文扩展——对全文进行扩充,使其具体形象。那么如何进行扩写?

### 一、认真阅读,掌握原文

我们要在认真阅读全文,把握作品精神的基础上,进行扩写。我们可以通过快速阅读,抓住重点词语,从而掌握主要内容和中心思想。我们只有明白"写了什么"及"为什么要写",才能展开下一步创作。

## 一、立足原文中心思想，确保原文的重点

缩写文章时，我们首先要认真阅读全文，把握中心，分清层次，抓住重点。只有抓准文章的中心思想，才能确保原文的重点不变形，才能保证写出原汁原味的缩写文章。

## 二、抓主要内容，确保原文不变

在缩写文章时，我们要努力保持原文体裁，结构，顺序不变，与中心密切相关的要保留，其他的我们可以大刀阔斧地予以删除，或者轻描淡写地一笔带过。

具体方法有：

1. 边读边想边划。俗话说得好，不动笔墨不读书，在缩写中，我们还要养成边读边想边圈圈点点划划的良好习惯。我们在阅读原文的时候就要动笔，从而在短时间里较快地掌握文章的中心思想，把握缩写方向。

2. 保留主要情节。在缩写文章时，我们要根据文章中心，确定主要情节和次要情节。原文主要情节必须清楚明白地交代。

3. 逐段逐句压缩。为了保险起见，在缩写过程中，我们可以根据中心，一小节一小节地进行压缩。当然，在压缩文章时，我们要注意把握

## 二、找扩写点，展开联想

要扩写原文，必须找准扩写点，沿着这个扩写点展开想象，才能合情合理。所谓的扩写点，指原文中不足之处，需要丰富和补充的。在确定扩写点基础上，展开合理想象，合乎现代的人情关系，合乎现实生活。扩写要真实反映社会生活，反映我们身边的小故事。

## 三、运用技巧，进行扩写

在具体创作中，我们不妨用连续动词来构建文章的轮廓，建立起文章的骨架。我们有机使用变化多彩的修辞，使句子变得鲜活生动，丰满充盈。在创作中我们还可以妙用成语，使文章趣味盎然。

# 不会缩写怎么办？

缩写就是按照一定要求，把一篇长文压缩成一篇短文。在向别人介绍一本新书时，我们往往用上缩写的方法，长话短说，使读者在很短的时间里了解文章的内容。在创作时，我们可以先回忆缩句方法——留主干，去枝叶，缩到不能缩为止。

重点段落，重点段落要保证，不能太简略，而次要段落可以删除或者合并。

## 不会改写怎么办？

改写就是依据原文改变体裁，人称结构或表现手法的一种作文练习。改写是给材料作文中经常出现的一种文体，既锻炼了我们的思维的变异性，也复述了文章的内容。如何改写好文章呢，关键在于是否学会创新？

### 一、认真审题，把握要求

我们首先要认真审好题目，了解我们要写什么，和掌握改写的类型和特点。改写常见形式类型有：第一种是文体上改写，如诗改成散文。第二种是人称改写如第一人称（我、我们）第二人称（你、你们）第三人称之间的变换。常见的改写写法有顺序、倒序、插序，我们可以灵活选择。

### 二、理解中心，展开想象

俗话说，万变不离其宗。无论我们怎样变化，我们都不能改变文章的精神。在改写前，我们认真阅读原文和要求，把握中心思想、基本内容、结构及改写的具体要求。我们可以通过灵活机动阅读原文要点，来迅速掌握文章的精髓。

### 三、确定改点，构思提纲

所谓的改点，指的是我们要改变的依据。例如我们把状物文章——字典，改写成以第一人称形式的童话，可以通过字典里的文字、标点符号之间发生的有趣的故事，来向读者介绍字典的作用和功能。有了思路后，我们要立刻构思提纲，把它列下来，或者形成腹稿，以免脚踩西瓜皮，滑到哪里算哪里。

### 四、按序创作，写后修改

有了写作提纲，我们就要按照写作思路，张开想象的翅膀，飞到文学的天空，大胆遨游这神奇的想象殿堂。写作的灵感稍纵即逝，我们如行云流水般地一气呵成，然后像品尝香茶一样慢慢修改，可千万注意要快速抓住灵感的尾巴。

## 不会续写怎么办？

续写就是给定文章的开头部分，按要求展开想象，完成一篇完整的文章。这类文章比较适宜中小学生创作，因此在话题作文中屡见不鲜。续写要在展开合理想象，进行合理补充的基础上，适当地加以创新，给人一种耳目一新的感觉。

### 一、认真阅读，把握精神

俗话说得好，磨刀不误砍柴工。在话题作文时，很多同学喜欢一拿到题目就匆匆动笔，结果下笔洋洋洒洒上千字，最后牛头不对马嘴。因此在续写前，我们要认真阅读，把握材料的中心思想，基本情节，主要人物和特点以及人物关系。只有把握了开头的精神，续写才不会离题。

### 二、联系生活，展开联想

生活是我们的创作的源泉活水，如果离开生活，续写就是一潭死水，甚至要闹笑话。所以在写作时，我们千方百计地联系我们的生活，要符合生活实际。在现实生活的基础上进行有益的尝试和改革，通过合理的想象，对生活进行典型化和优选化。

### 三、构思情节，大胆创新

在充分酝酿的基础上，我们要快速勾勒文章轮廓，合理安排故事情节，编织优美故事。情节要编织得一波三折，这样才能引人入胜。

## 作文详略不当怎么办？

我们写作文不是写得越多越好。有的同学下笔洋洋洒洒，看似很能写，但仔细一读，有用的话不多，挤去水分，就没什么分量了。

学生作文，在处理详略的问题上，容易犯两种毛病：一是掌握的材料多，就多写；掌握的材料少，就少写。二是喜好的、熟悉的就多写，反之则少写，或不写。譬如不管与表现中心意思是否有关，总要有几句景物描写、心情抒发，令人不知所云为何。在记人记事的作文里，详略不当的突出表现是记流水账，想到哪，写到哪，事先没做好详略的安排。

写记叙文，不管写人还是记事，文章应确立一个明确的中心意思。文章材料的详略安排，应该围绕中心展开，所谓详写，是指用较多的笔墨和篇幅对与主题密切相关的材料细致描写，要写得充分。所谓略写，是指用少量的字数对为主题铺垫的材料粗写略写，与中心无关的材料就不要写。除了要弄清什么是详写和略写，还要明确详写和略写的关系。在一篇文章中，详写和略写是对立统一的。没有相辅相成，就无所谓"详""略"；详写的内容必须是主要的，次要的不能详写，否则文章就淹没了想表达的中心。详写和略写是两种互为补充的表达方法，详写用来表现"点"的情况，反映事物的深度；略写则往往概括"面"的情况，反映事物的广度。文章详略安排得当，可以突出主题，从而做到中心明确。

在写作的过程当中，材料的选取应该紧紧围绕文章的中心。能够突出中心的内容，要细致描写，充分展开。注意"点"、"面"的结合，"点"上的内容是文章的中心，是突出中心思想的，文章应该由不断表现中心的"点"构成，所以要注意对"点"上内容的把握。"面"的内容是对"点"的烘托。同时，要把握好文章详略的"度"，详写的内容要重点突出，表现中心思想。略写的内容，也不要草草了事，关键要简明扼要，更好地为表现中心的内容服务，绿叶要映衬好红花。如果是叙事的记叙文，对于事件的发展过程，尤其是能够表现中心的内容，应充分展开，具体叙述，这样就能更好地突出主题，对于事件的起因、结果应该简略，能点出中心即可。如果是写人的记叙文，成功地塑造人物性格，才能够更好地突出中心。因此应该把具体的内容放在对人物性格的塑造上。

其实，这只有一个原则可以遵守：凡是与中心思想关系密切，能深刻、生动地突出中心的，就是重点材料，就应该详写，其余的便是次要材料，该略写。比如，文章的开头可以开门见山地点出主题，所用笔墨不宜太多，100字左右，点题即可。文章的结尾部分，要对所述内容进行收束，从而扣住中心，升华主题。字数也不用过多，100字左右即可。

总之，在写文章的过程中，只有做到浓淡相宜、详略得当，文章才能重点突出，生动感人。

## 不会写日记怎么办？

日记，是一种应用文体。把自己一天中的所见、所闻、所感，有选择地记录下来，就是日记。日记可以给父母、老师和好朋友看，但主要是给自己看。日记的选材也很自由，想写什么就写什么，有话则长，无话则短。另外，在表达方式上可叙可议，也可以抒情，甚至可以写成诗歌。通过写日记能提高学生的写作能力，训练观察力，发挥想象力，培养创造意识，形成合作交流的学习氛围。

日记一般分成生活日记、观察日记和随感日记三种。

1. 生活日记，就是把自己每天的生活、学习、工作情况有选择地记录下来。要写好生活日记必须注意以下几个问题：

①内容要真实。生活日记是自己经历的实在记录，而且要给自己看的，内容真实才有查考的价值。生活是七彩的，它多姿多彩地呈现在我们每个人的面前。学校、家庭、社会，都会有时代的浪花飞溅，只要我们能自觉地去观察生活，观察周围的人和事，你就会发现一个"宝藏"，就会有源源而来、取之不尽的真实材料。

②事情要有意义。有的同学说，日记就是把自己一天中亲身经历的，或所见所闻所感的东西记下来，记得越多越详越好。如有个同学写正月初一的日记，把这一天当中所有的事都记下来：早晨起床吃饺子，而后给陈老师拜年，到学校游园活动，中午到外婆家吃饭，下午和表弟一起上街，晚上回家看电视，临睡前写日记……简直是眉毛胡子一把抓，成了典型的流水账。日记的篇幅毕竟是有限的，同学们不可能把一天中的大事小事芝麻事件都写进去。一般要选择印象深刻的、有意义的一两件事记下来，其他的不写或略写。

③语言要简明、通顺。写生活日记，内容可长可短，但语言必须通顺明白。

④可以给日记加个题目。日记，一般不要写题目。有的同学为了提高概括能力，给自己的每篇日记都加了个题目。怎样的题目才是好题目呢？一是题目要准确，能准确表达日记的思想内容，不要太大，也不要太小；二是题目要新颖；三是题目要简洁，题目不能太长，几个字就能提挈全文。

2. 观察日记，即观察记录。就是把日常生活中的某一侧面，通过有目的的、细致的观察，把它记下来。可以写零碎的片断，不必讲究文章结构；也可以写得比较完整，类似一篇记叙文。经常写观察日记，可以提高观察能力，养成观察习惯，还可以积累写作素材，提高语言表达能力，这种日记最适宜学生们记。要写好观察日记，必须注意以下几点：

①观察目的要明确。观察，有多种多样的目的，或为了积累写作素材，或为了进行科学实验，或为了弄清楚某种"奥秘"……只有目的明确，观察才有方向，才有重点。就是观察同一对象，由于目的的不同，方法和角度就不同，结果也就不一样。

②观察要全面细致。全面，就是要对事情发展的全过程，事物构成的各部分，以及事物之间的相互联系，观察清楚；细致，就是要求观察深入、彻底，抓住事物的特点、规律和本质。

③观察要持之以恒。观察事物难于一次完成，需要反复进行。这就要

同学们有恒心。

④观察日记的语言要准确。观察日记有很强的科学性。因此要求使用语言要准确，不能用"大概、差不多"这类似是而非的词语。

3. 随感日记。这种日记主要是就一篇文章、一本书、一部电影或生活中的某一件事情，抒发自己的感想。日记中以议论为主，叙述是为了议论，有时整篇日记都是写自己的感受。写好随感日记，要注意以下几点：

①重点要写"感"。随感，就是在读了一本书或一篇文章，看了一部电影，经历了某一件事后，自己的感想。因此重点应该放在"感"字上。至于书本内容，电影情节，事情经过，都不能作为重点来叙述。

②写"感"要联系自己的思想实际。写随感日记不能脱离自己的实际空发议论，只有联系自己的实际，才能写出真情实感。

③写"感"要实事求是。有的同学写"感"，喜欢用表决心或空喊口号的形式来代替"感"，而且还脱离实际，任意拔高要求。人家看了很别扭，显得不真实。其实"感"不在高，而在"真"。有什么想法，就写什么感受，即使是一些暂时想不通的问题，也可以实事求是地写出来。

## 习作中常常出病句怎么办？

同学们因为语言知识有限，对语法、修辞、逻辑等知识，还有待继续深入地学习、研究，所以目前多半只是凭着一种感觉来判断句子有无问题。读来挺顺畅，感到没问题；读着挺别扭，就知道有毛病。这里，我们主要运用初步的语法知识，指出习作中常见的几种病句：

1. 残缺：句子成分残缺。如"通过老师的批评教育，使我深深地懂得了做人的道理。"要让"我"做主语，"使"字应去掉。或有用"批评教育"做主语，那么，就必须把"通过"去掉。

2. 多余：也就是重复啰唆。如"虽然我的学习成绩提高了，但是距离老师和家长对我的要求，还有很大的距离"。显然，两个"距离"中，有一个要去掉。如把"还有很大的距离"改成"还很远"就对了。

3. 搭配不当："我小学最后一年，是最紧张的学习。"这是主谓搭配不当。"我们一定要增强学习的信心和成绩。"这是动宾搭配不当。"我望着老于世故的爷爷，对他肃然起敬。"这是用词不当（"老于世故"一般说是贬义词），造成修饰语与中心词搭配不当。搭配不当的情况还有好几种,这里不一一举例了。

4. 颠倒:按汉语语言习惯,在一个句子里,什么词该在前,什么词该在后,有时不能随意调换。如"这里展出两千年前新发现的文物"。是语序颠倒。"新发现的"应放在"两千年前"之前。"新教室里,放着各种同学们的书包、文具、书。""各种"应该挪到后边去,修饰"书包、文具、书"。

5. 混杂:语序混杂。如"他不像有些同学只重视语文、数学、外语,不重视音乐、美术的态度是非常不正确的"。好像是两句话硬拼在一起,前一句没想好、写好,又接后一句,结果弄成哪一句都不是。按前一句的思路,应该是:"他不像有些同学只重视语文、数学、外语,不重视音乐、美术。"按后一句的思路,应该是:"有些同学只重视语文、数学、外语,不重视音乐、美术的态度是非常不正确的。"

6. 指代不清。如:"星期六下午大扫除,大部分同学去平整操场,只有李鸣、我和张昌华留在教室里扫地,我对他说:'我们要打扫得特别干净。'"这里的"他"指谁,没有交代清楚。

7. 自相矛盾:"昨天上午,全班都去看电影,只有我因为腿疼,回家休息了。"用了"全班都",就不能说"只有我"了。

8. 不符合事实:如:"护士同志替我量了体温,我问她怎么样,她回答说:'没有体温。'"

文章写后自己应细看一遍,如果能朗读一遍更好,这样常常会使病句暴露出来,得到及时的修正。

## 不会正确使用标点符号怎么办?

标点符号包括两大类:点号和标号。

点号的作用是点断,主要表示语句的停顿、结构关系的语气。按照使用的不同位置,点号可分为句末点号和句中点号两种。

1. 句末点号包括句号、问号、感叹号三种。

句号(。)表示一句话完了之后的停顿。我们这里说的"一句话",就是语法书上讲的一个句子。一个语言格式不论长短,只要是能独立地表达一个完整的意思,就是一个句子。说话的时候,每个句子都带有一定的语调,表示某种语气,句和句之间有较大的停顿。写成了文章,句子的后面要用句末点号。除一般的疑问句用问号表示疑问语气外,反问句和设问句末也用问号。

问号（?）选择问句只在句末用用一个问号，句中各项之间要用逗号；但有时为了强调各选项的独立性，也可以在各项之后都用问号；有些表示委婉语气的祈使句，句末也可用问号。（例：请你们说话小声一点好不好？）有的句子虽含有疑问词（谁、什么、怎么样等），但并非真正发问，而是表达了一个陈述语气，因而应用句号。

叹号（!）表示感情强烈的句子末了的停顿。表示感叹句末尾的停顿；语气很重，很强烈的祈使句、反问句也用叹号；兼有两种语气的，例如兼有疑问语气和感叹语气的句子，通常应该根据句子的基本句式属于哪一种，根据这个句子用在哪个特定的地方所着重表示的语气，选用一个合适的点号。

2. 句中点号：逗号、顿号、分号、冒号。

逗号（,）是句中点号的重点。在单句中，逗号主要用于以下七种情况：表示句子里边的一般停顿；单句的一般成分之间——主语和谓语之间；某些复指短语后头或组成成分之间要用逗号；句子中除了一般成分外，还有独立成分；较长的并列的词语之间，一般要用逗号；反复的词语之间要用逗号；转折连词后可用逗号，以突出转折的意思；顿号表示词语间的停顿，但当词语用作句子谓语和补语的并列时，用逗号不用顿号；名词加了语气词"呀"、"啊"、"呢"等就成了短句，用逗号不用顿号。

顿号（、）也用于并列词语之间，不过这种词语比用逗号隔开的并列词语更简短。它表示最小的停顿。并列词语中如果有连词"和"、"与"、"及"、"或""或者"等，不必要再用顿号；有的并列词语读起来并不停顿或者停顿很小，又不会产生歧义，中间就不必用顿号；不是并列词语之间不应用顿号；只有两项并列词语的，一般不用顿号，而用"和"、"及"等连词；如果要把简短的并列词语加以强调，这些并列词语之间就不用顿号而用逗号；邻近的两个数字（一、二、三……九）连用，表示概数时不用顿号，如果是数字省略语，就要用顿号。

分号（;）和逗号都可以用于复句内部的分句之间，不同之处在于分号常常用在并列分句之间。它表示的停顿大于逗号。分号只用在复句中，不用在单句中。复句中除了并列分句以外的其他分句，如果分句内部已经用了逗号，分句之间通常就得用分号。分号的作用主要是使各分句间的结构层次清楚。

冒号（:）的基本用处是提示下文和总括上文。它表示较大的停顿。用在书信、发言稿开头的称呼语下边，有引起收信人、听众注意的意思；用在"某某说"后面，表示后面是引用的话；用在提示性的话的末尾，表示后边有话要说；用在总提的话后面，表示后面要分项说明。或者表示冒号前面的话引起后面的话；表示后面是补充说明或解释性的话；用在强调动词后面的宾语，提起读者注意。动词常用的有："想"、"说"、"问"、"是"、"记住"、"认为"、"证明"、"宣布"、"指出"等，宾语往往较长或复杂；总括上文，在分项或从几个方面说了以后，用冒号表示后面还有一句总括的话。

标号的作用在于标明，主要标明语句的性质和作用。具体类别如下：

1. 引号（""）用途主要有下边两种：表示在引号里的话是实际那样说的（或者想说的），或者是引用来的；表示放在引号里的话是有特殊意味的，如意义突出的，不照字面理解而别有含义的，作者不同意或者怀疑这种说法的，以及讽刺、反语等；需要指出的词语以及专名、术语、成语之类有时候也用引号。

2. 破折号（——）是标号中的重点。它有多种用途，主要有下边两种：表示它后边是解释或补充说明的话；表示后面是跳跃或转折的话。

3. 括号（()）主要表示括起来的话是注释或补充说明前边的词语或句子。这种注释或补充说明面比较宽，可以解释语义，注明时间，也可以交代引出处，列举具体内容，还可以讽刺、批评、订正错误等。括号和破折号都可以注释前边的话，两者的区别大致是：内容重要，属于正文的部分的，用破折号；内容不太重要，不是正文的一部分，只是注释，没有它也不影响意思完整的，用括号。

4. 省略号（……）表示引文或引述的话里有所省略，表示重复的或者类似的语气的省略，还表示列举同类事物和序数词语的省略；表示话未说完、语意未尽、说话空隙，或者说话断续、沉默不语等。

# 如何解决考试问题

## 怎样对待高中文化科目会考？

高中文化科目会考，是国家认可的省级水平性考试，是评估中学教学质量、考核普通高中学生文化课学习是否达到必修课教学大纲的基本要求的重要手段。这一仗是否打胜，将直接关系到同学们能否顺利拿到毕业文凭和高考"入场券"的问题，因而不可掉以轻心。那么，该怎样对待这场会考呢？

### 一、正确认识，高度重视

会考的出发点，就在于全面衡量，打的是一场"合格高中毕业生"的资格战，意义不言而喻。我们应充分认识这场"会战"的重要性，扎实准备，认真应考，不可马虎从事。

不过，它毕竟是水平性考试，试题内容主要来自课本，以检查合格与否为基本要求，难易适度，所以也不必过分担心。有的同学怕考不好，搞得过于紧张，其实是没有必要的。只要认真学习，认真对待，一定会顺利过"关"的。

### 二、明确要求，有的放矢

《中学教学大纲》和《高中会考纲要》是我们进行教与学、复习与应考的依据，因此，我们在学习与复习过程中，应认真学习并吃透"两纲"精神，明确它们对各科的具体要求，做到有的放矢，一举成功。

### 三、抓住课本，举一反三

因为课本是按教学大纲编写的，它体现了对学生的基本要求，也是会考命题的依据。如《语文会考纲要》

中明确指出，试题内容的 70% 左右直接来自课本。所以，不论是正常上课、练习还是复习，都要抓住课本，明确重点，积累知识，搞清原理，使之在头脑中形成一个统一的、完整的、连贯的印象。同时须抓住典型例题，举一反三，提高学习效率。不必在参考资料上大做文章或搞什么"题海战术"，以致得不偿失。

### 四、平衡发展，克服"偏食"

因为会考不同于高考，不是"拼总分"，而是数门学科都要合格，切不可以个人的好恶采取"兴趣主义"。应该在兼顾各门课程的前提下，根据自己的学习状况合理地分配力量，努力攻克自己的"弱项"（科目的弱项、题型的弱项、能力的弱项等），确保一次性全面过关。当然如果一次过不了，也不要紧，待集中复习后还可再补考通过。

### 五、摆正关系，一箭双雕

会考和高考是两种不同性质的考试，一个重水平，一个重选拔。会考重视基础知识的考查，高考则着重考查能力。这既是矛盾的，又是统一的。这对矛盾可以统一在"打好基础"上。从历年的命题看，高考命题的知识点和能力点，都是在教学大纲规定的范围内，在课内学习和训练过的。同学们如果平时学得扎实，会考中打牢基础，就能直接支撑高考，一举两得。所以我们一定要摆正好"两考"的关系，认认真真过好会考这一"关"。

## 考前不知如何做准备怎么办？

考试能够检验我们对知识的掌握情况，同时也能帮助我们寻找差距。因此，无论是家长、老师，还是我们每一个人，都很重视。掌握知识是应对考试的一个很重要的条件，同时也不能忽视其他的因素。

我们知道，学习不是时间长短的问题，而是效率的问题。即将考试的时候，大多数同学都希望自己能够考得比较理想，因此，越是临近考试，就越是争分夺秒。大搞疲劳战术和题海战术，以期在知识的广度和深度上突飞猛进。其实这样并不利于对知识的掌握，甚至会适得其反。在考前一段时间，最关键的事情就是保持最佳的考试状态和轻松愉快的心情。具体做法如下：

### 一、对知识进行查缺补漏

把你的不足之处找出来，总结经验教训，把你曾经做错的题目找出来，有助于你对知识的掌握和巩固。

不时地翻阅复习提纲，根据提纲回顾知识。这也有助于巩固记忆，从而在头脑中形成一个清晰的知识结构图，这样一来，就有了一个完整的线索，供你在考试的时候思考和回忆。

### 二、要备齐考试用品

考试前一两天，要仔细检查一下考试时必备的文化用品（如手表、钢笔、三角板、半圆仪、圆规、铅笔、橡皮等），如果用品不齐或有故障，一定要及时解决。

### 三、科学休息，合理调整

保持充足的睡眠，并调整自己的状态，把自己的兴奋点调到考试的时间，比如，上午8：00～12：00，下午2：00～5：00。你甚至可以在这个时间段里做几套测试卷。

### 四、平衡营养，保证健康

饮食习惯不要有太大的改变，但是应注意补充一些对大脑有营养的食品。如多吃水果，多喝水，多吃蔬菜，另外谷类和其他高纤维食物也不可少。很多常见的食物都有安神和增强记忆的功能，比如苹果、香蕉、柠檬、胡萝卜等。另外还可以喝一些维生素类饮料，饮料中含有的维生素矿物质，有助于你在考试时大脑的良好发挥。

### 五、保持"自信"

千万不要过分地要求自己。临考前考生情绪多半不稳定。其实，压力亦非突如其来，而是持续存在的，所不同的只是程度差异而已。有些考生临考前一周就感到极度恐惧；有些考生考试前一天才有些感觉；有些考生因过度紧张而变得惊慌失措了；有些考生只是稍微有些压力而已。

## 有"临时抱佛脚"的习惯怎么办？

面临考试有"临时抱佛脚"习惯的同学，往往信奉"临阵磨枪，不快也光"的信条。

临场作战了，才去磨枪，仓仓猝猝，怎能把枪磨快？枪磨不快，哪有杀伤力？只是磨得表面光滑好看，又有何用？学习也同此理，平日没学好，疑难问题成堆，临近考试了，搞突击性复习，开夜车，猜重点，估试题，靠一日之功怎能把知识学系统、学扎实？纵然猜中一点两点，多考几分，表面好看些，实际水平却不高，又有何益？

"临阵磨枪"，其实也是出于被动、出于无奈。那么，怎样才能扭转学习上的这一被动局面，尽快改变

"临时抱佛脚"这一不良习惯呢？学习，无捷径可走，无"妙方"可寻，功在平时，勤能补拙。要从点滴做起，步步踏实，循序渐进。

### 一、听好每一堂课

听课，也要会听，要分清哪是已学知识、哪是未学知识。未学知识是学习的重点；已学知识也要复习、巩固。对未学知识要集中精力认真仔细地听，应理解的一定要理解，不理解的当堂请教老师；应记忆的当堂或当天记牢，不留"剩饭"。听好课，是搞好学习的最重要的环节。

### 二、上好每一节自习

自习有三部曲：第一，复习好上堂课所讲的知识要点，领会掌握老师所讲的方法；第二，准确快速地完成作业、做好练习，将所学知识转化为技能技巧；第三，预习下一节课内容，自学一两遍，找出难点、疑点，为带着问题听好下一节课做好准备。当然，不一定每节自习都按这三部曲来进行，但大体如此。

### 三、一天一小结、一计划

晚自习时，回顾总结一天来的学习情况，哪几科学习任务完成得好，哪些是没有解决的疑难问题。没有完成的作业，晚自习尽量解决完成，不拖到明天。如果各科都已完成得很好，可用晚自习看些辅导书，做些补充练习，开阔知识视野。

### 四、一月一总结、一计划

专用一定时间，对一月来的学习情况，逐科分析，哪些学得较好、哪些学得较差。对学得较差的学科，下个月有计划地用部分自由支配时间重点补差，从头复习一遍，促使各科平衡发展。

以上所述，虽是老生常谈，但同学真心听了，切实做了，定会产生良好的学习效果，随之，同学"临时抱佛脚"的习惯也就改掉了。

## 考试前复习效果不佳怎么办？

俗话说："一张试卷定终生。"这话虽不妥，但考试作为衡量学生学业的一种重要手段，的确小视不得。在它面前，有人成功了，有人失败了，几家欢乐几家愁……纵观成功者的足迹，我们不难发现，注重考前复习是他们取胜的一个重要法宝。那么怎样复习才能取得最佳效果呢？

### 一、要制定一个切实可行的复习计划

每个同学都应在老师的统一复习

安排下，根据自身特点，将考试各科的复习时间、进度、目标作出一个合理的安排，并努力使自己的计划既全面又有重点。同时还要注意：

①前紧后松。复习的时间安排要紧凑，宁可苦一点，为后面留有余地，便于拾遗补缺。

②照顾学科特点。如语文、英语需日积月累，所以时间安排上前面应多些，数学、物理等逻辑性强，能力要求高，那么复习时须坚持不懈；政治、历史等记忆的东西多，突击效果好，则后面多安排些时间。

③缩短周期，增加复习的循环次数。复习的第一个周期要稳扎稳打，以后每一次的复习都要在巩固已有知识的基础上，发现新问题，研究新方法，做到复习一次就有一次提高。

## 二、要高度重视课本

课本知识系统是考试命题的基础和根据。复习中，应首先吃透课本，搞清概念，弄通原理。在掌握基础知识的基础上，学会融会贯通地把所学的知识连成线、面，组成网络。其次，适当做些练习。每做完一道题，特别是综合题，应分析一下解题思路，考虑一下还有哪几种解法，从中能否找出什么规律、技巧等，并记住相应的典型例题。对练习中做错的题目，可备专本建档，分析原因，加以改正，以后不时翻看，以减少应考失误。

## 三、科学复习，提高效率

1. 要跟上老师的进度，最好在老师还未进行某章复习时，自己就先复习起来，争取复习的主动权。

2. 查漏补缺，既要抓好薄弱学科，又要补好每一科内的薄弱环节，可适当多投入些时间与精力。

3. 巧加记忆。如把记忆的内容进行归纳、整理和概括，进行系统性记忆；在材料稍熟以后进行尝试性回忆；制作随身卡片或录制磁带进行记忆等。

4. 自己拟题巩固，同桌之间也可互相出题，共同研讨。

5. 应精选参考资料。可选择切合自身实际的一种资料，看看做做，但切不可多本并用，贪多求杂，乱了章法。

## 四、劳逸结合，巧加"收缩"

复习中，应坚持正常的生活规律，坚持体育锻炼。特别是考前一段时间，不能打乱正常的"生物钟"，应有劳有逸。临考前几天，一般不要花时间去做题，要把复习收缩到教材上来。通过看书上的目录、标题、平时勾画的重点等，逐课进行回忆，发现生疏的地方，及时重点补习一下；

还可以看看平时整理的提纲、图表、考卷、解题等，以开阔思路，进一步熟悉解题的基本技能和技巧。另外还要进行必要的心理素质训练，培养自我控制能力，树立信心，保持良好的竞技状态。

## 考前有紧张情绪怎么办？

随着考试日期的临近，教师期待的目光和鞭策的话语，家长望子成龙、望女成凤的急切心情，同学之间的激烈竞争，邻居的议论等，无形中给考生造成了很大的压力，从而产生紧张、焦虑不安的情绪，导致注意力不能集中、认识功能不能正常运转等，使复习效果和考试成绩受到影响。那么，怎样才能消除考前的紧张情绪呢？

### 一、正确对待

考试只是检验学习质量、促进学习进步的手段，不是目的。不要把考的结果看得过重，期望值不可太高，思想上真正有了正确的认识，就可以卸掉沉重的包袱，轻装上阵。

### 二、自我调节

情绪变化与人体自然的生物节律有一定关系，要善于抓住有利的时机，采取积极、切实的行动，使情绪轻松起来。可在临睡前的夜晚一人沉思，找出影响自己情绪的主观和客观因素，并确定排除方法，当感到情绪轻松起来，就可以成为自己的起点。也可运用相反法，担心自己考题可能做错时，就想"我肯定能做对它"；担心成绩不理想时，就想"我一定能考好"。用类似的精神胜利法来压倒紧张。还应利用课间十分钟、活动课时，该休息就休息，该活动就活动。

### 三、合理宣泄

要寻找适当的时间、适当的场合，进行适当的发泄，使紧张得到释放，以减轻心理压力。可找几个知心亲朋一吐为快，也可自我寻找一适当空间或宣泄物大声喊叫、手舞足蹈，但不可超越法律、纪律的范围，或损害他人。

### 四、安排好食宿

考前应注意保重身体，避免生病。要适当补充一些营养，特别是要注意增加大脑的营养。每天应进主食（大米、面粉）0.5～0.6千克，需要蛋白质80～100克，多食蛋黄有助于增强记忆力，适量增加糖食可以保证大脑需要的热量。可多吃肉、蛋、乳制品及新鲜蔬菜、水果等食物，不能偏食、挑食。要注意饮食卫生，不要吃得过饱，也不要吃油腻或辛辣味过重的食物。要按时就寝，保证充足的睡眠时间。不要"开夜车"，"开夜车"会打乱生活节律，易造成失眠。考前几天应调整自己的作息时间，适当增加休息，使大脑得到放松，临考保持清醒状态。

## 考前心里特别紧张怎么办？

考前心里有些紧张，这是正常现象。但有少数同学，不能正常对待考试，怕考不好，老师在班上一报分数，成绩排队在后丢面子，受人取笑，父母责备；升学考试怕落榜，担心自己的前途。过分考虑这些利害关系，心里产生焦虑、恐慌，情绪特别紧张、不安，甚致睡不着觉、吃不下饭；进入考场心率加快、血压升高、脑子嗡嗡作响；面对试卷手发抖，思维混乱，心里有些失常了。

考前心里特别紧张会影响考试成绩。根据巴甫洛夫兴奋与抑制的相互诱导规律，精神的高度紧张，导致大脑皮层某一区域特别兴奋，会使另一部分与其相连的、贮存知识的大脑皮层区域产生抑制，可能出现记忆不清和暂时性的知识遗忘，甚至产生紧张性头痛。这样就难以考出自己的真实水平。怎么办呢？为防止这类情况发生，同学们应注意以下几点：

### 一、明确学习目标，正确对待考试

学习是为了真正成才和将来报效祖国，考试是对自己学习效果的检验，不应患得患失，计较个人的利害关系，只要学习已尽到自己最大的努力，就应该充满信心，不慌张，不忙乱，坦然愉快地走进考场。

### 二、考前应遵循平时的学习、生活规律

如迎接高考，平时每晚复习到十一点睡觉，考试前不可将睡眠时间再往后推，最好是放松一下，不看或少看一点时间，以保证第二天有充沛的精力参加考试。复习第二天要考的科目，应看基本内容、基本公式，千万不能纠缠在一两个难题里，这样既花费时间又容易引起心情烦躁，影响第二天的考试。

### 三、沉着冷静，按序做题

考试时提前几分钟进场，不喧闹、不讲话。安静下来，尽量缓解紧张程度。考试信号一发出，立即按试题顺序答题。因试题是精心编制，由易到难科学分布的，依顺序做下去，脑子会越做越灵活，思维会越来越开阔。做到实在困难的题，也要沉着冷

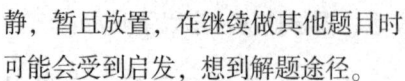

静，暂且放置，在继续做其他题目时，可能会受到启发，想到解题途径。

### 四、注意考前饮食

考前饮食清淡、富营养，不多吃刺激性强的、太咸、太甜的及油腻重的食物，以防导致身体不适或考试时口渴，增加焦躁不安的情绪。

当然，轻度的紧张对考试不但无害反而有益，一定的紧张度会促使人的注意力更加集中、思维更敏捷，只要能有兴奋而镇定的情绪，紧张而有序地答题，定会获得满意的成绩。

## 考试怯场怎么办？

考试场景对考生强烈的心理刺激等原因，引起考生情绪高度紧张和胆怯，使考生的心理活动和行为暂时失调或受阻的现象，人们称之为"怯场"。当考生预感到考试的威胁又束手无策、无法处理时，就会产生这种怯场的心理状况。怯场的直接原因是临场过分焦虑、恐惧而引起的情绪紧张。本来考试中有些紧张、焦虑，并不会影响正常的思考与回忆，不能将之称为怯场。适度的紧张，对调节人体的动力系统，提高思维效率还是有一定的好处，所谓"急中生智"讲的就是这个道理。但过度的紧张就不

好了，轻则引起人的肌肉紧张，心跳加快，血压升高，呼吸急促，出汗，手足发冷，重则导致头痛脑昏，思维僵滞，呼吸困难，甚至是休克。这种情况会大大降低考试的效果，甚至使考生无法继续考试。

那么怎样解决考试怯场的问题呢？

### 一、自我认知疗法

通过全面地分析引起自己考试焦虑的各种因素，使自己清醒地认识到焦虑的来源及危害，寻找到解除思想顾虑的办法，从而避免怯场的发生。其方法可这样进行：首先，检查自己的担忧。在一张纸上把自己所有的担忧写下来，并按程度的大小依次排列，或通过测试来认识自己的担忧情况，正视自己当前的处境，树立起解决自己问题的信心。其次，对担忧进行合理性分析，看是否有事实根据，是否以偏概全，是否夸大缩小，是否以情绪感受当结论等。这样，你会发现自己的一些担忧是多余的、没道理的。最后，与担忧质辩。从理性的事实、另外角度的思维来思考这些担忧，你会发现它们并不存在或并没有那么可怕，只不过是被你想象夸大了而已，从而不再担忧，顺其自然，也就避免了怯场的产生。

## 二、系统脱敏疗法

在放松状态下对刺激逐步适应并减弱的一种训练方法。针对考试，其过程为：先将可能引起怯场的各原因按程度从弱到强用卡片列出，脱敏练习时先拿出第一张卡片（最弱的），想象当时的情境，然后做松弛练习，放松全身肌肉。放松后，再拿起下一张卡片，如再紧张，再放松，直到不紧张了，才做下面一张卡片。依次类推，直到所有卡片都做完了，考试怯场也就克服了。这个过程不是一两天的事，一般一天最多做一两张卡片，不可心急。做后面的卡片时要重做前面的卡片，一直做到想象考试的情景不再紧张，不再怯场为止。

## 三、观察学习法

这种方法有三种形式：

1. 观察他人的表现。考试焦虑高者比焦虑低者对榜样更为敏感，因此，通过示范，即通过观察他人在考场中从容不迫、沉着冷静的表现，比如利用角色扮演、模拟表演等形式，使自己观察后感到心里有底，从而减轻紧张焦虑程度，避免临场产生怯场。

2. 替代脱敏。即通过观察模仿他人的脱敏而减轻自己怯场的敏感性。如利用录像，看考试焦虑者进行系统脱敏法治疗的过程，或通过他人提示，自己想象脱敏来训练，让自己有与他人一样的心理感受，这样也可克服怯场。

3. 主动替代脱敏。即通过使用语言来描述他人脱敏的思想而达到减轻自己考试紧张焦虑的目的。比如在平时训练或临考前，先用1~2分钟，回忆以前所观察到或想象中的考试怯场者脱敏的情境，并在心里默默地描述怯场者脱敏后的轻松和从容，以达到减轻自己怯场的目的。

上面介绍的几种心理疗法，有的已在前面作过详细介绍，在这里不再举例重复。但同学们应注意，心理疗法要进行一定的心理训练。如果自己不熟悉，最好找学校的心理辅导员或到心理咨询机构请心理医生指导自己进行，这样才能收到较好的效果。

# 不会分析试卷怎么办？

考试时拿到试卷我们首先要做的就是分析试卷，这样可以让我们从整体上把握试卷的难易程度以及难题易题的分布情况等等，从而更好地答题。但是分析试卷并不是囫囵吞枣的乱看一气，而是要有条有理地进行观察和考虑。因此，拿到试卷后应对试卷作如下分析：

### 一、浏览试卷，纵观全局

拿到试卷后，在完成考号、姓名等填写后，就迅速地浏览试卷：

1. 看试题共有几页。

2. 看题型有几种，共有多少题，每题所占分数的比例。

3. 阅卷时，注意哪些会，哪些费解，哪些生疏。

统观试卷后，做到胸中有全局，心中有底数。做起题来就能防止盲目。

### 二、确定答题顺序

答卷的方法很多，考生常用的有以下两种：

1. 循序渐进法。这种方法是提笔从头到尾按题顺序做。此法的优点是不容易漏题。其缺点是遇到难题，如果再钻入"牛角尖"，会直接影响下面试题的完成，影响成绩。英语选择题较多，答案复杂，此法可用，其他科目不宜使用。

2. 先易后难法。常言道："难了不会，会了不难。"先易后难是说在试卷中先挑选会的做，接着做刚复习过、脑海中还有印象的，这类题中再先选分值高的做，最后攻难题。文科试题，最后留下的再难，也要根据自己的判断答完，不空题。理科试题，在反复思考不得其解时就干脆放弃。先检查前面做完的题，余下时间再回头攻难题。这种方法的优点是不会因时间紧，留下会做而没答的题的遗憾，缺点是容易漏题。只要细心检查，缺点是可以避免的。

### 三、把握做题的关键

做题的关键是识题、审题、解题。识题，就是先认识题目，看它来自教材的何章节。审题，就是要看考查的是什么内容，需要运用哪些知识。解题，就是在识题、审题的基础上，对回答问题所需材料，在大脑这个加工厂里进行去粗取精、去伪存真地加工。然后再用简练的文字，条理清楚地书写在卷面上。注意，解题中要有紧迫感，字迹求清楚工整不要求优美。

总之，拿到试卷后，平静从容地分析、解答，会考出自己满意的成绩的。

## 不会审题怎么办？

审题是答题的基础。如果审题出了差错，答案就不完善，甚至产生答非所问的错误。那么，怎样审题才好呢？

1. 审题要抱着严肃认真的态度。

任何题目，在没有弄清题意之前，不要仓促作答。对于大题目，要反复思考，认真琢磨，弄清题目的逻辑关系和层次关系；对于小题目，也不要粗心大意，马虎草率。

2. 要掌握好题型特点和解题规律。例如选择题，有单一、多项、配伍、填空等形式，有要求选出正确或错误答案的。这类题是由题干和备选答案所组成，备选答案包括正确的和错误的选项，错误的答案设置了迷惑性的干扰，通常不易发现。审题时，先审题干，弄清答题要求，再审备选答案，通过对比，找出各项间微细差别，仔细分析，排除干扰，辨清正误，逐项筛选。

3. 仔细分析，找出隐含条件。有些题目答题条件不很明显，需要分析题内提示性的语言才能明确。

4. 有些主观题目答案有较大的灵活性，且要求有创造性，如作文题，需要在充分理解题意基础上展开联想，从多角度去思考，才能把握住题目的关键。

审题是一种认识能力的体现，要经过反复地训练才能熟练地掌握。所以复习时应多做一些审题的练习，注意掌握好解题的一般规律，考试时才不会在审题上手足无措。

# 考试时不知如何答题怎么办？

对于所学的知识，你掌握得还算不错，但是一遇到考试，就会紧张得不得了，不知道该如何作答，这该怎么办呢？不妨看看下面的内容，应该能改善你在考试时的紧张状态。

## 一、心理放松法

进考场前，先做深呼吸，适当放松身心，考试前，先听监考老师解说，同时别忘了调整自己的状态到最佳。

一定要相信自己的努力，能解答出全部题目的人并不多，因此，考试中遇到那些不好解答的题目，可以暂且绕过去，先做自己有把握的题目。只要平时努力了，把自己会的都做对，成绩肯定不错。至于那些感觉解答困难的问题，肯定不是只有你一个人觉得难，还有很多同学都可能跟你一样做不出来，因此，大可不必紧张。

另外，多做深呼吸，或者把目光集中在一个固定的目标上，依然进行均匀深呼吸，这对缓解紧张有很好的效果。同时，还可以进行自我暗示，在心里对自己说："不用紧张，肯定能考好的……"

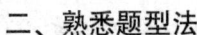

## 二、熟悉题型法

平时要多注意考试的题型，并有意识地针对考试的题型进行练习。这样，考试时，一看到都是自己经常练习的题型，紧张情绪就会得到缓解。不过，任何事情都不是绝对的，考试的题型也是如此，它总不可能完全一样，也会遇到不熟悉的题型。这个时候，也不必紧张，要知道，无论什么样的题型，其出题的原则都是以教材和大纲为基础，让你感觉到陌生的原因，只是形式上有所差别，实际上并未脱离你所学的知识。只要冷静思考，开阔思路，很可能就解答出来了。

## 三、恰当安排时间和题目

做题前多看几遍题目，在领会了题目的要求后再开始答题也不迟，首先是挑容易的题答，这样便于进入状态，做自己会做的题目也会增加自信心。遇到题量大、时间紧的情况，就要先解答那些分值多且容易做的题目，这样可以保证你得到较高的分数。对于那些一下子想不起来的题目，不能在预定的时间内完成的，就干脆先猜个答案，再做个标记，等把所有的问题都解决后，再回过头来主攻它。等你已经完成了题量的三分之一时，就需要看一下时间了，这个时候看时间有利于你对剩下题目的时间安排。有些同学习惯在考试的时候频繁地看时间，甚至是做一道题就马上计算时间，那样的话，必然会把自己搞得紧张不已，注意力也有一部分分到了对时间的关注上了，对答题必然产生影响。

另外，还要注意，如果你答题太顺利了，一定不要得意忘形，倘若因此而漏题，那就更后悔了。所谓"骄兵必败"，当你认为所有的题目都很容易时，就应该更加小心，因为一旦你忘乎所以，就可能造成很大的遗憾。把题全部做完后，有时间的话，一定要回过头来仔细检查，甚至要检查一下自己的名字和学号、考号是否有误。最后提醒一下大家，考试时一定不要留空白，因为有答案就有对的可能性，而空白则不可能有任何希望。

## 四、发现明显的错误就要毫不犹豫地改正

在考试进行一段时间后，你已经完全进入了考试状态。此时，你的大脑的思考力和记忆力均被激活到最佳状态，这个时候倘若你突然意识到原来的答案是错的，那就别犹豫，立即改正过来。倘若你的大脑对该题目的判断始终都是模棱两可的，那就最好不要改，因为第一感觉的准确性还是比较大的。

### 五、进行检查

把题目都解答完后,就应该返回来从头开始检查了。这个时候,一定要重点检查那些最初没把握的、已做上记号的题目。并且,在检查的过程中,一定要摆脱第一遍答案的束缚,摆脱惯性思维,否则,就算你再解答10遍、20遍,也无法查出错误。最好是不要看第一次的答案,就当做解答一次新题目,把每道题重新做一遍。

### 六、保持卷面整洁

这是非常关键也极易做到、却又总是被忽视的。不要以为这是小事,考试中任何环节都会影响到你的成绩。字迹是否清晰,卷面是否整洁,直接影响到老师的判卷感觉,几乎所有人的直觉都是不喜欢字迹潦草、卷面一再涂改的试卷。如果你发现有错误而不得不改正的时候,一定注意尽量改得清楚美观些。

## 考试时会的题目一时想不起来怎么办?

在考试中常常可以看到:有不少同学因回忆不起应考的内容而急得满脸通红,甚至是满头大汗,本来是很熟悉的题目,这时却完全想不起来了,而且是越想不起来越着急,越着急就越想不起来。但又不甘心放弃不做,结果既耗费了时间,题目也没做好。出现这种现象的原因不外乎两方面:一是平时尽管会做,但未掌握方法或记忆不牢,时过境迁,当重新见到时,"似曾相识"但记忆模糊,想不起来当属正常。二是由于情绪过度紧张而引起的心理失常现象。据心理学家分析,学生易在重要的考试如高考中出现"怯场",是由于他们害怕高考失败,他们认识到高考成绩直接影响自己一生的前途。这种紧张的情绪刺激大脑皮层,阻碍了皮层上原已形成的暂时神经联系的再次接通。这样,本来很熟悉的东西由于大脑皮层的抑制而难以再现。

那么,怎样才能使平时会做的题目在考试时都能正常发挥呢?心理学家提出了一些有效的建议,同学们不妨试试:

### 一、情境联想法

考试时,当遇到本会做的题目想不起来时,不妨静下心来想想这个题是在什么情景下曾经识记过,是课堂上老师在黑板上写过的,还是课外自己在书上看过的;是作业上做过的,还是和同学讨论过的。有时还可以把词、句放进整个课文中去联想它们的含义和用法。联想还远不止这些，有时可由原因想到结果，由整体想到局部，由一事物想到和它相近或相反的其它事物，通过这些方法，可以帮助我们回忆。

### 二、自我暗示法

做题目时，当注意力不集中，做这个题目总念念不忘另外的题目或事情时，不妨在空白草稿纸上写上"不许走神"或"专心，别走神呀"。有的同学把考试看得过重，担心自己考不好，碰到这种情况，最有效的办法是告诫自己"我一定能行"。有了这种自信心，就可以调动大脑神经细胞的积极性，提高大脑的工作效率；相反，缺乏信心，认为自己不行，必将引起"真正的健忘"。

### 三、转换变通法

如果有一个问题实在想不起来，不妨转换一下思维方式或解题方法，若实在一时做不出来，不如干脆将其放在一边，千万不能钻牛角尖，那样很容易在大脑皮层形成一个兴奋区域，引起相关区域陷入抑制状态而影响解题。

## 考试中遇到难题怎么办？

考试中遇到一至几道未见过的、不会做的难题，这是正常现象。反之，如果一门课的题目大家都会做，甚至都觉得很容易，这份考题就出糟了，它无法实现合理的区分度，就不能正常地进行选拔考试了。因此，考题中若没有一些"难题"，反而不正常了。那么，考试中遇到难题怎么办？

### 一、沉着冷静

有些同学，在考试中一遇难题，便眉头紧蹙，头脑发胀，显得烦躁不安、心急慌忙。这一急，大脑神经由于极度紧张，容易引起思维混乱，反应迟钝，原本记住的公式、定理也突然忘记了，感到头脑好像糊涂起来。正确的办法应该是先把难题放一下，选择比较容易的题目先做。这样一来可以节省时间，防止无端失分，二来可以消除精神紧张状态，减轻心理压力。待其他题目都做好了，心中有了底，思想轻松大半，再集中精力攻克"碉堡"，效果会更好些。另外，不论是学习好的还是中等以下成绩的学生，在考试中遇不到难题是不正常的。当然，这样的"难题"充其量也不过是"纲沿"上的综合性很强的题目。这样的题往往是乍看难，冷静地仔细分析，是一定能够找到解决方法的，只是时间的问题。而考试时间是有限的，这时，同学们不要因钻"牛角尖"而误了解其他试题的时间。总之，在平时的学习中，同学们要树立"我难人也难，我易人也易，解出难题的机会都是均等的"观念，增强自己解难题的勇气和信念，才能在考试中减少对难题的恐惧心理，从容应对。

### 二、弄懂题意

是否真正理解题意，往往是能否解答难题的关键。题意弄懂了，思路才会对头；思路对头，才能使头脑中原来储存的相关知识，通过回忆、再现、判断、推理，最后找出解题的方法。比如语文考试中作文题目比较"冷"，自己开始觉得无从下笔。这时便要冷静下来，通过审题的办法弄清题目的基本要求。首先明确是什么文体、要表达什么思想，然后根据立意选有关题材，在头脑里想好文章的结构框架：哪些先写，哪些后写；哪些详写，哪些略写。这么一想，再动笔，难也就转化为不难了。

### 三、多角度思维

试卷中的难题是对学生的知识、技能和能力的综合测验，而且，有些难题的解法也往往不止一种。解题时，如果觉得"此路不通"，便要及时调整思维方向，转换思维角度，运用自己已经掌握的知识，对问题重新进行分析和思考。这种多元化、多角度的思维方法，常常在"山重水复疑无路"的时候出现"柳暗花明又一村"。在考试中，同学们一定要本着先易后难的解题思路去解题。遇到一时解不出的题目先跳过去，等所有会做的题目都做完了，再回过来集中精力解难题。运用逆向思维法、发散思维法、转化法、归纳法、特殊值检验法等解题方法，化难为易，化整为零，分而治之，各个击破。这样，才能在考试中既赢得时间，又获得较为理想的分数。

由此可见，要在考试中很好地解答难题，沉着冷静是前提条件，弄懂题意是关键所在，多角度思维是基本方法。而这些，均依赖于基础知识的掌握和基本技能的培养，因此我们在平时学习过程中要十分注重提高自己分析问题和解决问题的能力。

## 考试中心绪不宁怎么办？

有的同学虽对各科进行了认真的准备复习，但因考试中初战失利，结果影响了以后各门的考试；或热衷于每门考后与其他同学对题目答案,思维仍然集中在已考过的科目上,不利于迎接下面的考试。那么,怎样才能有效地改变这种状况,使每一门考试获得满意成绩呢?

1. 对这种状况进行分析,充分意识到它的不利方面。一旦考完,这一门考试也就已成定局,就应将它置诸脑后,可以提醒、暗示自己:"你就是现在再关心、再研究,反正试卷就是那样了,这不是'做无用功'吗?""啊,那一门我总算忙完了,下面该忙的是这门啦。"

2. 从主动积极方面将兴奋点直指下面的考试。每门考试考毕一出场,就集中注意下面还有哪几门考试、什么时候考、内容上我还有什么不足,造成一种任务观,像关云长"过五关斩六将"那样,把每一门考试设想为前面的一道又一道关口,思考对付它的办法,积极动员全副力量去迎战、战胜。到最后一门前,更要强调"这是最后一门了,务必全力以赴才行"。

3. 设计考试期间时间安排的明细计划表。将每天的三餐、睡眠、往返等时间和考试时间、考前考后到下一门的间隔时间等一一列上,按部就班执行计划,特别是考前考后的时间要有具体安排,如规定利用这段时间再把下门科目的知识结构理一遍等

等,使自己有事可做,不至于对前面的考试左想右想,浪费时间,扰乱自己的心绪。

4. 如果有同学问你时,你不应与之进行过细的讨论,总体可以答之以"考得还行"、"一般化吧"等倾向于肯定性的话,以保持自信心。要注意尽可能回避考后的同学集群,以减少回顾上一门考试的过多刺激。

考试心理的稳定,不光是考前,也涉及考试进行的过程中,希望同学们能注意,它与认真仔细地复习掌握知识同样重要。

## 考试有粗心的毛病怎么办?

粗心大意看起来不是什么大毛病,却总是会坏大事情,甚至造成一些无法挽回的错误。我们先来分析以下考试粗心的原因,主要有以下几种:

### 一、对粗心所造成的危害认识不足

一些同学平时总认为粗心是小毛病,题目都会做了,由于粗心出了点错误没什么了不起。而且不只是考生自己这样认为,一些家长教师也常常这样说:"这个孩子挺聪明,就是马虎",孩子们听了大人的话之后,更

认为粗心是可以原谅的小毛病，甚至还把"粗心"和"聪明"连在一起。

## 二、平时缺乏基本技能方面的训练

有一些同学平时忽视基本技能的训练，认为它是"小儿科"，没多大意思，所以，对于一些必备的基本技能（如计算）掌握的不扎实、不熟练。这些同学在平时复习过程中一碰到理科中的应用题，常常是列完式子后计算过程就省略了。即使老师要求答题要完整，这些同学也会找一些小窍门，如：用计算器计算，或照别的同学抄一下，他们认为这样做是节省时间。平时耍小聪明，练习少，导致考场上经常出错。

## 三、考场上得意忘形，没有认真审题

这种情况常会出现在比较简单的问题当中，考生一看这么容易的考题，兴奋、激动之时产生了一些浮躁情绪，不进行细致的思考，仓促作答。经验证明，容易的题也容易错，命题者往往在一些看起来较容易的题目中隐藏一些容易被忽视被漏掉的小问题，如不重视，则易出错。还有一些考生凭经验审题，一看题面提笔就答，结果由于审题不认真而丢了分。

## 四、考试时时间安排不当

如有的同学在一次英语考试中就曾犯过这样的错误，前面的语法试题，他觉得是自己的强项，一分也不应该丢，所以做得很仔细，结果耽误了过多的时间，等到后面做阅读理解题时，由于时间紧张，草草地写了答案，结果丢了许多不应该丢的分。

## 五、视觉分辨能力差

有个别同学从小时候起，写字就经常丢一笔多一画，计算上也常常抄错数，生活中也表现为丢三落四，这类学生多是由于视觉分辨能力比较差。

## 六、考场上求胜心切

看到其他同学纷纷交卷，自己也不甘落后，草率作答，匆忙交卷；还有的同学争强好胜，总想第一个交卷，以显示自己答题速度快，所以答完卷后，也不检查，结果有时间争取得到的分数却没有得到。

## 七、焦虑紧张

有些同学平时作业及一般性考试时很少粗心，主要是因为心情比较平静，不紧张，能够从容答题，而一旦到关键性的考试，如期中、期末考试，特别是重大的升学考试中，心情就会紧张起来，心"怦怦"乱跳，手心出了冷汗,注意力无法集中,思维甚至有点混乱,过度的紧张造成这些考生看错题目,书写失误。

**八、试卷到手急于答题**

我们总是在交上答卷以后叹息一个空填错了,总是在发下答卷后自责一个数字写错了。我们的分数本来可以更高的。对于这些原本可以避免的事情,我们却因粗心大意而没能避免,给自己留下了遗憾。

除了针对以上原因改变粗心的毛病以外,还要注意以下几点:

1. 要培养仔细、认真的习惯。我们周围不乏这样的同学,他们聪明好学。成绩的确不错,但是却总是不能出类拔萃,原因就是马虎大意。这些同学自认为自己都学会了,考试一定不会出问题,可是每当发下试卷,就发现自己的分数并没有预想中那么好。仔细看一下不是弄错了得数就是单位没统一,或是弄错了小数点。这时,后悔也晚了。只能从此决心改掉粗心的毛病。在平时就细心踏实,比如做作业时,听老师讲课时,读题目的要求时……都要全神贯注、一丝不苟。

2. 针对马虎进行又准又快的训练。有过因粗心而吃亏的相关经历后,就一定要找出自己的不足,并针对自己常犯的错误拟订一些相关的习题。也可以同学之间相互列题目,也可以让父母来帮忙,待这一切准备就绪后,自己再又准又快地解答。

3. 进行自我监督。错误发生后,不要在懊恼一番后置之不理,而应当分析错误的关键所在,然后进行自我监督。比如可以在床头或者书桌上贴一些小纸条,针对自己常犯的错误写上提醒的语句:"一定要注意应用题单位的统一","时刻注意英语单词复数"等,这些句子甚至可以贴在笔记本或作业本的第一页,时刻提醒自己不要粗心大意。

## 答好试卷后时间多余怎么办?

对于同学来说,考试是学习中必不可少的环节。考试时,有部分基本功较好的同学,答好试卷后,时间仍会有剩余。时间多余怎么办呢?概括起来讲,多余的时间可用来复查试卷。根据时间剩余的多少,复查试卷可按下列程序进行:

**一、复查非答题内容**

在考试中非答题内容也至关重要,影响可能是致命的,特别是姓名、试卷页数、有无漏印的题目等,都可能造成很严重的后果,因此要注意以下几点:

1. 复查试卷要求填写的准考证号、座位号、姓名、学校等是否填写及填写是否正确。

2. 核对试卷的页数是否齐全，有无漏做的一页或两页。有位同学在考试结束铃响时才发现有一张试卷放在桌子的抽屉里未做，再做已来不及了，真是后悔莫及。

3. 核对试卷中每题分数的总和与试卷应得总分是否吻合。即使是高考试卷也有漏印一页的情况，核对总分即可发现有无漏印的题目，防止无端失分。

上述复查只须两三分钟即可完成，但不能省略。

## 二、重点复查答题内容

选择题的检查主要是查看有无遗漏，并复核心存疑虑的项目。但若没有充分的理由，一般不要改变你依据第一感觉作出的选择。对简答题、论述题和作文的检查，一是要改正错字和病句，另外补充遗漏的内容，删去错误的观点。计算题和证明题是检查的重点，要仔细检阅是否完成了题目的全部要求。若时间仓促，来不及验算的话，有一些简单的办法：一是查物理单位是否有误；二是看计算公式引用有无错误；三是看结果是否比较"像"，这里所说的"像"是依靠经验判断，如数字结论是否为整数或有规则的表达式，若结论为小数或无规则、零乱的，则要重新演算，最好用其他方法去做，这是最保险的措施。要注意以下几点：

1. 检查标准化答题卡有没有涂写及涂写的符号与自己所做的答案是否一致。学生在答题时未涂答题卡或涂写错位的情况是屡见不鲜的。

2. 侧重复查逆向选择题，如"下列结论不正确的是"、"下列说法错误的是"等之类的题目，防止因思维的松懈答题时选择了正确的选项。事实上在考试时，这类题目的错误率是比较高的。

3. 若复查时发现答案有问题，不应立即改变，应该从其他角度加以理解核对后，方可改正，以防把正确答案改错。

4. 复查自己答题时那些吃不准的题目。重点复查关键的答题过程是否符合题意。

5. 复查分值较大、过程较多的题目。若为计算题，看是否可从其他途径进行核对验算，确保答案准确无误。

当然复查试卷时应注意力高度集中，防止流于形式，应把复查试卷作为提高考试成绩的一种手段。假如注意力分散，复查试卷的效果就可能适得其反，令自己后悔莫及。

## 发现考试时间不够了怎么办？

笔试试题的特点，从形式上来看，有客观试题和主观试题之分；从内容上来看，主要是知识覆盖面广、题量大，读题时间较长，没有太多的时间来思考作答。因此，要有充分的心理准备，考试时必须注意支配好答卷时间，以免造成前松后紧，使自己处于被动地位，影响了考试成绩。综合考虑，考试时间不够的原因如下：

### 一、考试的内容太多

有的时候老师出题确实可能出得太多，没有考虑到同学们是否能够答完，可能会导致考试时间不够用的情况。不过这样的情况说明老师不是很看重考试，而是把考试当成了同学的一次集中练习，即使做不完也不要紧，可以考后继续做。如果是比较正规的考试，一般不会出现这种情况的，因为考试出题的题量都是科学合理的，而且都是只要会就应该能在规定时间内答完的。

### 二、考试难度太大

考试的难度也直接影响答题的速度。题目太难了，只是思考解题思路，就可能要花费很多时间。有时候老师可能是特意地考验一下同学们的心理素质如何，看看同学们耐挫能力如何，或者就是为了打击一下那些骄傲自满的同学的傲气，特意地出一些难题，这样可能会使很多同学在规定时间内完不成试卷。但比较正规的考试，试题的难度梯度都是有具体要求的。出题要根据所考的内容、学生的素质、考试的性质等，来规定试卷的难度梯度。出题老师必须按照出题的要求出题。总的说来，竞赛选拔类的考试，难度梯度都要大一些，检测巩固类的考试，难度梯度就会小一些。

### 三、对考卷的内容掌握得不够熟练

前面的两个原因都是出题老师的问题，与我们同学的学习和能力无关，但是，大多数情况下，考试卷子是应该在规定时间内完成的。如果感觉考试时间不够用，我们就应该想一想，可能是因为自己的知识掌握不牢固，或者答题的能力不够熟练。一个考题要费大半天的时间去回想，那当然会耽误考试时间的；一个题的思路思来想去没有主意，当然也会浪费很多时间的。考试，就是应该有具体的时间规定的。在规定的时间内解答问题，可以看出学生的知识和能力水平如何。如果我们经常感觉答题时间不够，应该从自己的平时学习抓起，除了需要加强牢固记忆有关知识外，更应该多做练习，熟能生巧，巧能省时。

### 四、没有养成做题的时间观念

缺乏做题的时间观念，这也是我们同学自身的问题。可能在初中的时候，因为学习的内容比较简单，而且考试题目一般不会太多，大多时间都是足够用的；也可能是因为初中的老师为了培养大家细心认真的考试态度，就会对考试时间给的比较宽，就很容易给我们形成一个感觉：考试有的是时间，只要能够答对就可以；甚至平时做练习，也没有时间观念，拖拖拉拉浪费很多时间。

### 五、平时不学习，基础差

一般来说，必须做到一分钟两分题。就是说，考试当中2分的题目，必须在1分钟内完成。这是高考出题的原则，考试题目的分值，都是根据考试题目的难度和需要的时间来确定的。就以数学为例，试卷120分，考试时间为120分钟，80分钟就应该答完全卷，20分钟为机动时间，20分为查漏补缺的时间。

一般来说，答卷时，不一定按题目顺序作答。原则是先易后难，遇到生疏的需要较长时间思考才能解出答案的试题，不妨放到后面去做。解答主观题时，观点要明确，主要观点不能漏掉，先想好答案的腹稿，才动笔去写，避免重做或做大的修改而浪费时间。

如果发现考试时间不够，千万不要急躁，应该让自己保持稳定的情绪，免得乱了方寸，频出差错，影响了答卷的速度。也不要以为大局已定，不再主动争取时间答卷，而应更加合理地使用剩余时间。例如：放弃经过多次思考也确实无法解答的题目，以便把有限的时间用来完成自己有把握或正在解答中的题目；先解答分数比重大的题目，后答分数比重小的题目等。

总之，越是感到时间不够，越要保持头脑清醒，才能冷静地分析临场具体情况，想出好的办法补救。

## 关键性考试发挥不正常怎么办？

有些同学，平时学习认真，成绩不错，可碰上关键性考试，如期末考试、毕业会考、学科竞赛等，有时会发挥不够正常，考不出应有的水平。出现这种情况，懊恼和沮丧可以理解，但如果因此泄气，对学习失去信心，则是不可取的。

考试是检查学生对某一阶段所学知识的理解和掌握的程度，有时一次考试并不能代表一个人的整个学习情况，更不能预示未来。瓦特幼年在学校里功课也不好，同学骂他"笨蛋和无能"。爱因斯坦上小学时，老师认为他"智力不佳，反应迟钝"。后来由于他们勤奋好学，刻苦钻研，瓦特发明了蒸汽机，对全球工业革命产生积极的推动作用，爱因斯坦则成为20世纪最伟大的科学家。那么，关键性考试中发挥不正常，应该怎么办？

**一、振奋精神，把压力变为动力**

正确的态度是不气馁、不服输，从失败中站立起来，变被动为主动。如认真分析试卷，总结失败原因；请老师指点迷津，找出存在的问题；主动向家长亮丑，表明自己的态度和决心。这样，就可以甩掉沉重的思想包袱，使自己振作起来，精神饱满地投入新的学习中去。

**二、找出问题，扎扎实实地克服缺点**

把主动焕发出来的进取精神变为刻苦勤奋的自觉行动。比如，试卷中填空题失分较多，这说明基础知识和基本概念掌握不牢，今后上课要认真听讲，课后要加强复习，防止留下"夹生饭"。如果是因为考试时感到时间紧而使计算题留有空白，说明自己运算技巧差、运算方法不熟练，平时要在独立思考的基础上多做习题，加强训练。如果是不该错的题目做错了，往往是审题草率、粗心大意所致，今后要引以为戒，在平时学习中加以克服。

**三、考试时不要把目标定得过高**

制定切实可行的奋斗目标，一步一个脚印前进。奋斗目标要具有一定的难度，但经过努力是可以实现的，即所谓"跳起来摘果子"。还有就是不要把自己的一些紧张情绪看得过重，进而将主要精力放在了注意和克服这种心理状态上。一般来说，正常的学习焦虑只是轻度的紧张感，这实际上是一种恰到好处的紧张，它有利于学生的学习思维敏捷、行为镇定而又有理智。

**四、建立起积极良好的自我暗示**

考试时要多想想自己的优势和潜在的优势，不要人为地夸大自己的不足和考试失败的后果。多用积极良好的语言和自我意象来激励自己，从而使自己的心态经常处于一种乐观、平稳的状态，这样即使遇到像中考、高考这样比较容易让人紧张的情景，也能泰然处之，正常地发挥出自己的水平。

自信心不强、得失心理较重，是关键考试发挥不正常的重要原因。所以考前要注意调节自己的心理状态，加上平时学习扎实，考试时成竹在胸、从容答题，关键性考试中发挥不正常的现象也许会很少或没有了。

总之，对待考试，应该有这样的心态——尽了努力就是成功，就会取得高分，这个高分不是试卷的满分，而是在自己能力范围内能够得到的最高分数。在考试中考生发挥最大能力实现自己的最高分，就是成功。

## 考试成绩总不如平时好怎么办？

考试是同学学习中的一个重要环节，它是每个同学平时学习效果的检查和总结。有些同学平时学习成绩还不错，而到重要考试时却常常发挥不出水平来，总是为不应有的失分而痛心疾首，后悔不迭。为什么呢？这就涉及应考准备、考场发挥、考后分析等应试技巧问题。

要获得较好的成绩，可以从下列几方面着手：

### 一、正确对待考试，明确考试目的

考试对学生来说，只是为了检查学习效果，以便查漏补缺，弥补所学知识缺陷，提高学习能力。所以考生应把考试看作是一次检验自己水平的机会，是一次难得的锻炼与挑战。这样当你走进考场时就能精神饱满，轻松愉快，信心百倍。

### 二、冷静自信，轻装上阵

考试前不要去猜测考试的成败，要充分相信自己，相信自己平时的努力是可以取得理想成绩的。古语说："夫战，勇气也。"信心就是力量，信心就是胜利。

### 三、对自己的期望和要求要实事求是

要想考出水平，主要靠平时努力，临时抱佛脚、脱离实际的期望是不可能实现的。考前要调整自己的心理状态，尽可能发挥自己的最佳水平。不切实际的过高期望和要求，只会增加无益的精神负担，引起精神过分紧张、情绪激动，影响目标的实现。

### 四、把握技巧，提高应考能力

考试时注意力要高度集中，做到听得认真、看得仔细、做得细心；要

了解考试的具体要求，熟悉试题的形式和答题的规范；审题要仔细，不漏不错；书写清楚规范且尽量快；要合理安排时间，先易后难，难题放在最后做，试卷做完后要认真检查。如有"怯场"现象，要冷静沉着，可伏在桌上休息片刻，或回忆一些有趣的往事等。

### 五、考前注意休息并参加适当的体育活动

考前要有充足的睡眠时间，让大脑得到休整和恢复。白天要适当地参加体育锻炼，消除大脑疲劳。

### 六、考后要进行分析与总结

考试后不能仅仅看一看分数多少，而要分析和总结一下自己在这次考试中的成败原因，错的要更正并找出错误原因，对的要思考是否还有更好的解法。最后总结一下自己学习上存在的主要问题，制定出改进的措施。

## 无法走出考试失败的阴影怎么办？

考试成绩是作为考察学习好坏和知识掌握程度的重要标志。考试完毕，总有学生充满忧虑、闷闷不乐，担心考砸了；或者分数出来后，考得不好的同学有的变得萎靡不振。这两种情况都会影响下一阶段的学习。

在纽约市的一所中学任教的保罗博士，曾给他的学生上过一堂难忘的课。当时这个班级的多数学生在试卷交上以后，变得沮丧、颓废。一天，保罗博士在实验室讲课，他先把一瓶牛奶放在桌子上，然后沉默不语。学生们不明白这瓶牛奶与所学课程有什么关系，只是静静地坐着，望着保罗博士。保罗博士突然站起来，一巴掌把那瓶牛奶打翻在水槽中，同时大声喊了一句："何必为打翻的牛奶哭泣！"然后他把所有的同学叫到水槽前，仔细看那破碎的瓶子和淌着的牛奶。博士一字一句地说："你们仔细看看，我希望你们永远记住这个道理：牛奶已经消失了，无论你怎样后悔和抱怨，都没有办法取回一滴。你们要事先想一想，加以预防，那瓶奶还可以保住。可是现在已经晚了，我们现在所能做的，就是把它忘记，然后注意下一件事。"保罗博士的表演，使学生学到了课本上从未有过的知识，许多年后，这些学生仍对这一课留有极为深刻的印象。

考试是对你已经学过的知识的检验，这次的好坏并不能表明你以后的考试情况。因此，考试失败后一定不要气馁，而应树立信心，战胜悲观情绪。具体做法如下：

## 一、客观估量自己的能力

对于自己的成绩，不应只看分数的高低，还要想到这个分数是否与自己掌握的知识相符。如果是，则须从此努力，争取下次考试有所进步，而不应为你原本就应该考出的成绩郁闷。若考试成绩与你付出的努力不相符，平时很刻苦，考前也准备充足，但结果考试失利，这时就要找原因，是试题不会做还是会做却因粗心做错了，前者是需要你检查一下自己原来的学习方法和临场状态是否有问题，后者则需要你吸取教训，逐渐培养细心的习惯。

## 二、进行自我调节，及时排除不良情绪

你可以进行自我调节，告诉自己一次考试并不能说明问题，不必为此失意。接下来努力，就一定会有进步的。也可以跟父母或老师、同学一起讨论考试失败的原因，并且师长会让你明白：失败并不可怕，可怕的是失败后一蹶不振。一个把失败当做成功前奏的人，紧接着就是成功；而一个把失败当做最终结果的人，随之而来的将还是失败。

## 三、树立信心，积极备战下一次考试

经过考试失败的打击后，总有一些人会谈"考"色变，这可以理解。俗话说："一朝被蛇咬，十年怕井绳。"其实大可不必如此，只要你平时好好学习了，考试时正常发挥，就不会有问题。相反，如果你总是担心，还无法走出上次失败的阴影，则势必会再次影响到你考场上的发挥。

# 理科实验考查成绩不好怎么办？

理科实验是中学生学习过程中一项重要的内容，它可以帮助大家理解、巩固所学的课本知识，把理论与实践有机地结合起来，是一种极好的教学方法。那么，怎样才能取得理科实验考查的好成绩呢？

## 一、熟悉课本上的理论知识

课本上的理论知识是经过前人总结而形成的，它所涉及的性质、现象、属性、用途等都是人们在长期的实践中反复试验得来的。同学们要认真听老师讲解，并仔细阅读教材，为实验打好理论基础。

### 二、按课本上的要求去做实验

一般说来，教材上的每一次实验都经过编者深思熟虑，具有理解、巩固基本知识的功效。每次实验的操作过程，教材都给我们做了详细、周密的描述，如实验的重点、注意事项等。同学们要搞清实验的步骤和要求，尤其是要注意课本中反复强调的内容。

### 三、注意观察实验中出现的现象和变化的情况

实验中出现的现象和变化情况往往是考试的重点，所以同学们必须认真观察、仔细记录。如化学实验"氢气的制作"中，大家就要观察开始放进的药品在什么情况下发生了什么变化？量是多了还是少了？是否加热了？释放出什么物质（气体或液体）？以及颜色的变化等。在检验瓶中有无氢气时，如何检验？又发生了什么现象？都需仔细观察，记录下来。

### 四、如实按时填写《实验报告单》

《实验报告单》是对实验的总结，是实验过程的书面表达。一要注意条理，先做什么，后做什么，再做什么交代清楚。二要详细。尤其要写清楚实验中的每一个变化现象，如颜色、重量、体积、反应情况等。三要有分析。经过实验得出什么样的结论，是否与教材相符，原因是什么，说明了什么问题，以及本次实验的得与失等。

### 五、把理论与实践结合起来

实验本身就是对理论进行验证的过程。许多同学容易犯的错误就是理论归理论，实验归实验，形成了脱节现象。这是不能取得好成绩的。要经常用学到的理论知识与所遇到的实验现象做比较，弄清是否一致、原因是什么等。另外，还要注意在实际生活中运用所学知识，这也能起到检验和复习旧知识的作用。

这样，我们就可以取得理科实验的好成绩。

## 外语听力测试成绩不好怎么办？

每个同学都希望自己的听力测试得满分，要实现这个愿望并非难事。不过，听力测试成绩的好坏显然不决定在听力测试的一时（当然听的效果如何也很重要），而主要在于平日下工夫的多少。

## 一、要"多听"

平日要安排好时间，抓紧分分秒秒，坚持每日"一听"或"多听"，只有坚持不懈、持之以恒，一直"听"下去，才能过听力这一关。英语或其他外国语不是我们民族的语言，我们没有外国那样的语言环境，在听力练习上会受到很多限制。为了弥补这一缺陷，所有学习外语的人都应该充分利用现有的、切实可用的条件搞好听力练习，那就是天天听、天天练，不使每个学过的单词或课文有"陌生感"。平日听的次数多，听的能力自然就增强了，在听力测试时对那转瞬即逝的单词或句子能迅速捕捉，抓得既准、又狠，那样不会让那单词与句子从耳边"溜掉"。

## 二、扩大"听界"

同学接触外界的机会不多，尤其是收听外语信息的范围是很有限的，那么就必须充分利用这有限条件，使它发挥出无限的作用来。电视、电台每日都安排有外语节目的学习时间，认真地收听或收看这些精彩节目会迅速提高自己的听力水平。这些外语节目往往比中学课本内容要丰富得多，常听常看，不愁外语的听力提不高。

## 三、要及时纠正自己不正确的发音

练习外语听力时，不要单纯的只是被动的听，要积极地纠正自己错误的发音，边听、边念、边背诵、边默写，耳、脑、手并用。每次都有所侧重，以便使自己在听力测试时，不但能听清楚，而且能准确无误地写出来。听得清、断得准、记得快三者缺一不可。

## 四、"听"与"说"的训练不能分开

阅读应与听力练习同时、同比重的进行。很多人为提高听力把所有时间都集中在听力材料的练习上。可以肯定地说，这是个错误。我们不是生活在国外，你无论怎样营造，都不能有一个真正的外国的文化氛围在你身边，这已经可以说明只注重单一的听力练习是错误的。另外，听力练习中，你接触到多少信息呢？这个信息包括词汇、语法、习惯用法、文化等等，是在接触材料时能够遇到的所有东西。只要你发音正确，你在阅读时接触到的词，如果让你在听的时候遇到，很多都有可能听懂。倘若你的听力目标是想听什么就能听懂什么的话，阅读起到的作用更是举足轻重。同时，如果你连在阅读中都无法读懂的句子，你在听力中能够听懂吗？

### 五、关注一下常用的单词

外国人说话不是每一句都用你不懂的单词说的。你听不懂的往往就是最常用的，而且是你已经掌握了的单词。只是它们在常速、连读、略音下使你以为是生词而已。相信大家已经深有体会了。在听力中譬如 have、go、you、where、when、him、them 等就是。在这里，VOA Special English 有好与不好的地方。它能让你清楚这些常用单词的发音，但它不能让你知道正常的交际中这些单词怎样发音。

最后，英语学习是终身的事情，听力练习也是一样。别想着我强化练习半年，终于听懂手头上几十盒磁带了，以后再也不会遇到问题了。几十盒磁带以外的东西你是否能够听懂？信息瞬息万变，今天的新闻你能听懂，明天的你也十拿九稳能听懂？

# 如何提高随堂表达能力

## 口头表达能力差怎么办？

很多同学不能在大庭广众前侃侃而谈，即使几个知心好友在一起，也不能流畅地表达自己的想法，那么，怎样才能提高自己的表达能力呢？

**一、用意志作为成功的基石**

意志铸造了生活的强者，任何人要想在事业上有所造就，都需要有坚强的意志。

1. 坚定追求的目标。心理学家认为：意志是主体为了实现预定的目的而自觉努力的一种心理过程。坚定信念至关重要。有一位演说家，在大学时代参加五分钟演讲，讲不到一半，就狼狈下台，但他有明确的目标，决心成为演讲家，经过不懈的努力，终于实现了夙愿。

2. 战胜自卑和羞怯。说话时面红耳赤，虚汗直冒，或者张口结舌，语无伦次，这种"社交恐惧症"是一种较常见的社会心理现象。要战胜自卑和羞怯，追求心理的镇定，做到谈吐从容不迫，落落大方。

3. 富有毅力和韧性。目标的实现，不仅要有始终如一的坚定追求，而且要有百折不挠的坚韧毅力。对于一个缺乏毅力和韧性的人来说，要想登上演说家的宝座是不可能的。公元前雅典的优秀演说家德摩斯梯尼为了纠正口吃、使发音清晰，把小石子含在嘴里练习，经过整整12年的艰苦磨炼，最后踏上成功之路。

4. 充满成功的自信。缺乏自信是意志动摇者的一个通病，而当一个人在对自己的行为缺乏自信的时候，是很难想象他能为培养口才而付出时间和精力的。充满自信等于鼓足风帆,"长风破浪会有时,直挂云帆济沧海",信心百倍,不鸣则已,一鸣惊人。

### 二、把握一切练习的机会

成功与机会,从来就是并肩同行的伴侣,一切成功的机会对于每个人几乎平等,但各人对机会的利用却不会复合在一条直线上。抓住机会,刻苦磨炼,才能获得成功。

自练口才的方法有很多种:

1. 读。多读书会使人头脑灵活,思维敏捷,视野开阔。歌德说:"读一本好书,就是和许多高尚的人谈话。"

2. 背。书中有充实口才的智慧和学问,如论辩的实例、演讲的名篇、说话的艺术。在多读的基础上,适当背一些名篇、名段、名句,加深理解,对对话、论辩、演讲,都是很有好处的。

3. 诵。诵是背的艺术化,也是克服口吃的一种方法。动人的口才,必然倾注说话者炽热的感情。演说家的字里行间不能只是辞藻的堆积,而没有抑扬顿挫、高低快慢和喜怒哀乐的表情色彩。

4. 讲。一个学游泳的人,如果不下水训练,游泳书看得再多,也仍然是"旱鸭子"。锻炼口才同样需要利用一切机会多讲,大胆发言,参与论辩,不怕讲错,胆量大了,话也多了。终日缄口不语,或者三言两语,永远不会有进步的。

5. 练。口才是磨炼出来的。"冰冻三尺,非一日之寒。"练习要根据自己的思维水平、语言水平和心理特征来确定,由易到难,循序渐进,逐步加深。从语音、语量、语力、语调、语汇、语速、语脉、语境、语态这九个方面严格要求自己,持之以恒,才能练出好口才,在口头表达领域里获得新的自由。

## 课堂上害怕提问怎么办?

老师为了检查自己的授课效果和学生对所讲知识的掌握程度,以及为了调节一下课堂气氛,都会有几次课堂提问。这时,你是自信地注视着老师,举手示意老师提问你呢,还是心虚地埋着头,祈祷自己不要被提问到呢?如果是后者,下面的建议将会帮你改变这种情况:

### 一、克服知识上的障碍

首先,一定要做到上课认真听

讲。这是回答好课堂提问的前提。老师进行课堂提问，通常都是围绕课堂上所讲的内容展开。因此，只有认真听讲，掌握了老师所讲的内容，一旦被提问，才能顺利给出答案。

其次，务必弄清问题的重点，弄清答题的要求和范围。

再次，答题时一定要首先判断老师给出的题型，然后做出相应的回答。比如判断题，通常只回答"是"或"不是"、"对"或"不对"，有时候还可以简单陈述一下你判断的理由；而假如是议论题，你就首先把观点答出来，然后再进行必要的分析，这个环节还可以适当发挥，结合生活中的事例予以论述；假如是说明题，只需讲清要点即可。

最后，对于差生群体而言，害怕提问的根本原因是对"提问"的结果不敢定夺或不知，因而不愿或不能发表自己的见解。实际上，正因为你"不敢定夺"，才更需要老师给予评定和指教。故而，你就更应该积极主动地把自己的观点坦诚地告诉老师，通过老师的肯定或指正，达到掌握知识、理解知识的目的。回答不了"提问"的同学，也没有必要害怕老师提问。"知之为知之，不知为不知，是知也。"只有当老师掌握了真实情况，才有可能在辅导过程中"有的放矢"，帮助你解决疑难而掌握知识。

## 二、克服心理上的障碍

首先，培养自信。要锻炼自己的意志，加强心理素质的培养，积极参加各项文体活动及社会公益活动，养成活泼、开朗、大方的性格，以获取积极向上的自信心态。理解提问的意义，正确地对待课堂提问。要看到自己的长处，要知道人无完人，你大可不必在课堂上为自己的短处而紧张不安，这样有助于克服羞怯感。

其次，对于同学们的议论，不要过于看重。任何一个人都可能被评价或者答错题，这是十分正常的现象。万一答错题了，就要找出错在何处，这也是进步。万一你因答错题遭到同学们否定的评价，也不要太在意，你完全可以把这当做一种激励自己上进的动力。

最后，讲究锻炼方法。要尽可能地在众人面前发言，首先可以在熟人多生人少的环境里练习，一段时间后再到生人多熟人少的环境里练习，如此这般循序渐进，你的心理素质会日益增强，对羞怯心理的克服能力便会大大提高。即将发言时，先做好思想准备，争取回答正确，一旦回答正确了，你就会有成就感，就会使自信心进一步增强。当然，万一回答错了也不要灰心，只要反复实践就总会有收获。另外，在你努力寻求"提问"

的结果时，一定要独立思考，自主地判断，在亲身经历的过程中培养"不可怕"心理，体会到自己努力"跳一下就能摘到果子"的乐趣，以激发自身的内在潜质和内动力。

## 老师一提问就紧张怎么办？

师生问答，是教学中常用的一种方法。通过提问，老师可以及时了解学生掌握知识的情况。如果学生因紧张等原因，回答问题不能反映其学习的真正水平，那么教师就不知道同学们哪些知识掌握了、哪些知识还未掌握，就难以有针对性地进行教学。

老师一提问就紧张的原因是多方面的：可能是功课没有学好，回答不上，造成紧张；可能是学习态度不够认真，虽有一部分能够回答，但怕答得不完整、不正确，受老师批评，干脆不答；可能是表达能力欠佳，虽然老师提出的问题能够回答，但怕说不好导致紧张就说不出来了；可能是平时很少在大庭广众前讲话，面对老师提问，觉得不好意思，开不了口；也可能是有的老师过于严肃、严格，使同学产生畏惧感，这样的老师往往一提问，同学就会因紧张而不知所答。当然还有其他一些原因。但回答问题

的能力是可以培养的，可以根据不同情况进行锻炼。

### 一、要学好功课

胸有成竹，自然不会紧张。很多同学被老师提问时，由于平时的知识没有掌握好，以致心虚答不出而紧张。平时多用功，做到凡是讲过的知识都掌握，那紧张的源头也就割断了。除了平时注意基础知识的掌握外，还要做到课前预习，把有疑问的地方记下来，重点听老师讲解，这样在老师提问时，我们就会胸有成竹，不是紧张地回答不出来，而是抢着回答了。

### 二、要养成实事求是的学习态度

心中坦荡，"知之为知之，不知为不知"。老师提问，能回答多少就回答多少，不必在乎别人的议论，老师也不会难为你；不完整的地方，老师会给你补充，这才是老师要做的；错误的，老师会给你纠正，这是一次很好的再学习机会，没有什么难为情可言。

### 三、要培养自己的表达能力

在学习过程中，自己平时要注意多发掘问题、解答问题，或在同学间互问互答。要争取多在许多同学面前讲话，老师提问时要抢着回答，久而久之，紧张的情况就会消除，口才也

就练出来了。

### 四、要搞好师生关系

搞好师生关系是搞好教学的关键，要主动去接近那些对同学要求严格的老师，多接近他们后，就会发觉在他那张严肃的面孔后面，却跳动着一颗十分慈爱的心。他对你严格，其实是爱护我们、关心我们、督促我们。当我们了解了这一点后，就会感到他那张严肃的面孔是多么可亲，再回答问题也就不会那么紧张了。

我们可以通过以下心理调控方法，来消除紧张情绪。调控方法如下：

1. 语言调节法。即自我暗示法，具体做法是通过一些有激励作用的内部语言，使积极意识潜入自我意识，直接对自己的思想、情绪产生作用。例如，在怯场心理的征兆刚出现时，可以通过简单、具体，带有肯定性的言语调节自己，比如："我一定能做好！""我有信心！"提醒自己不必紧张，对自己要抱有信心。在暗示的同时，也可在头脑中联想过去成功的情境，以激励自己。

2. 转移注意法。在出现高度紧张时刻应先采取主动转移注意的方法。这种做法可以使优势兴奋中心得以转移。也可以休息片刻或者活动一下四肢、头部，来调节中枢神经系统，从而使抑制状态得到缓解。

3. 呼吸调节法。采用这种方法可以消除杂念和干扰。当自我感觉十分紧张时，有意识控制自己的情绪。具体做法是，脚撑地，两臂自然下垂，闭合双眼，把注意力集中在呼吸上，静听空气流入、流出时发出的微弱声音。然后，以吸气的方式连续从1数到10，每次吸气时，注意绷紧身体，在头脑中反应出数字，在呼气时说"放松"，并在头脑中再现"放松"这个词，这样连续数下去。注意节奏放慢，让身体尽量松弛，直到感觉到镇静为止。平时多用这种方式有意识地训练，就可以在现场更容易地调控。

## 上课不喜欢发言怎么办？

上课不喜欢发言，一般是这样几方面原因造成的：从心理角度看，有的天生性格内向、羞怯，不好意思在众人面前说话表露自己；有的患得患失，担心答错题被同学耻笑；有的因学习成绩差，有心理压力，没有胆量和勇气举手发言。从生理角度看，有的因为有生理上的缺陷，如口吃等。从学生知识理解能力角度看，有的同学对知识理解能力差，对老师提出的问题把握不准，似是而非，举棋不定，很难迅速得出准确的答案。从思想角度看，有的同学对上课发言的意义认识不清，认为只要自己理解知识、把握住知识就行了，没有必要发言。

针对心理上的问题，首先应该排除心理障碍，将课堂积极发言当做一件光荣的、值得骄傲的事情去做，敞开心扉与老师同学交流思想，并将课堂当做锻炼自己语言表达能力的重要途径，刻意磨炼自己。其次要树立信心。舞台上的演员、讲台上的老师和公开场合的演说家并非都是天生就性格开朗，能言善辩。他们中绝大多数人都经历过"胆小怯场——满脸通红——落落大方——伶牙俐齿"的过程。如果因担心答题错误而不敢发言的话，这种担心则更没有必要，智者千虑，尚有一失，更何况普通的中学生呢？

对生理有缺陷的同学，首先应该与医生配合，尽力纠正。其次应在课前作充分的预习复习准备工作，做到胸有成竹，排除因无准备而紧张的心理因素。再者，请老师配合，由少到多，由浅入深地向你提供问题，为你创造发言机会。

对知识理解能力差的同学，则应注重学习方法的改进，提高自己理解知识的能力。有了这样的能力，就能准确地把握住老师的提问，到时发言就不再成为难事。对课堂发言抱无所谓态度的同学，应该了解课堂发言对自己学习的重要意义：可以锻炼自己的思维，提高自己的语言表达能力；暴露思维方式存在的问题，让老师及时帮你解决；可以活跃课堂气氛，达到教与学的最佳效应；可以为将来走上社会施展才华创造条件等。

## 不会朗读课文怎么办？

有感情地朗读课文，是理解课文的重要手段。能有感情地朗读课文，说明读者已经对课文的语言文字理解了，已经体会到课文所表达的思想感情，而读重音是感情朗读课文其中的一种最重要的方式。那朗读课文时怎样处理读重音这个问题呢？今天我借此机会说说自己的看法。

重音处理是朗读中最常见的基本技巧，它是为作品的思想感情需要而将某些词语读得突出一些。但是不是所有的重要词语都是读重音呢？并非如此。通常情况下，句子中作重音处理的词语朗读时，要读重音一些，响一些的，它只是重音朗读其中的一种表现方式。重音的朗读还有其它的表现方式，常见的，除了刚才说的加强音量的方法外，还有以下几种：

## 一、一字一顿法

就是在要强调的字词前后作短暂停顿，使所发出的声音迸出，铿锵有力。通常用来表现坚定的态度、强烈的情感。比如："乌鸦把小石子一个一个地放进瓶子里。"这里的"一个一个"要一字一顿地作重音处理，强调乌鸦的动作和方法，使听众听完以后感受到乌鸦完成一系列动作时的聚精会神和谨慎小心。只有这样读者才能被乌鸦急切的心情和专注的神态所感染。"可是，手术台是医生的阵地。战士们没有离开他们的阵地，我怎么能离开自己的阵地呢？"第一个"阵地"和"自己的阵地"要读得铿锵有力，掷地有声，表明白求恩在十分紧急而危险的情况下做出果断的决定，这样读起来更能表现出白求恩对工作认真负责，把自己也看做是一个八路军战士。也只有这样才能有说服力和感染力。

## 二、拖长音节法

把要强调的字词的读音拉长，调值读得夸张些，借增加音节的长度来起到突出强调的作用。常用来表达较深沉的感情或耐人寻味的语意。比如："啊！峰顶那么高，在云彩上面哩！"朗读时，读到"那么"二字之间采用拉长音节的方法，念到"么"时，又好似后面的气不足，有助于表达作者当时看到天都峰高和陡的程度，以及要爬上天都峰的困难。若只是一般地加大音量重读就不能表达出天都峰的高和陡，以及作者担心爬不上天都峰顶了。"狼气冲冲地说：'就算这样吧，你总是个坏家伙！我听说，去年你在背地里说我的坏话！'"朗读时适当拖长"算"、"坏"、"去年"等词的读音，可以生动地再现狼居高临下，以强凌弱、蛮不讲理的丑恶嘴脸。

## 三、重音轻读法

也就是控制音量，运用较强的气息，使气大于声，把要突出的词语轻柔而缓慢地读出。常用来表达怀念、悲伤、慈爱、缠绵等情感。比如："西沙群岛一带海水五光十色，瑰丽无比。"将"五光十色"、"瑰丽无比"两个词语轻柔而缓慢地读出，有助于表达作者欣赏西沙群岛时着迷的神情，展现出我国西沙群岛美丽无比的特点。"第二天清晨，这个小女孩坐在墙角里，两腮通红，嘴上带着微笑。她死了，在旧年的大年夜冻死了。"在"死了"、"冻死了"前作短暂停顿，再轻轻读出，饱含对小女孩之死的同情和痛惜，可以表现出作者沉重的心情。

由此可见，重音朗读的处理方法

多种多样，只有根据朗读的内容及思想感情的表达需要，采用相应的技巧，才能使朗读传情达意，生动感人。这样才做到有感情地朗读课文。

## 不会朗诵诗歌怎么办？

朗诵的要求比朗读的要求多一些、高一些。有较好的朗读基础，可以学朗诵表演。尤其是朗诵诗，通俗流畅、易读好懂，可以请老师和家长帮助选一些朗诵诗来练习朗诵。

怎样朗诵？我们摘抄著名演员谢芳《朗诵艺术杂谈》一文最后的一首总结性的小诗，作些解释，供大家参考。

　　　　选材要适中，体验应由衷，
　　　　处理在独到，演出需从容，
　　　　口既对着心，心又通过睛，
　　　　思想虽集中，耳目要灵通，
　　　　情切不冲动，自然又轻松。

好的朗诵诗主题鲜明，通俗易懂，音韵和谐，节奏明快，适于口语，而且富有激情，富有鼓动性。在少先队活动中朗诵这样的诗，优美动人的语言能叩开少年朋友们的心扉，先进的思想、豪迈的感情，如清泉流入少年朋友们的心坎。

为了感动听众，必须自己先受感动。正确地理解和体味一首诗的深刻的思想，其实比朗诵的技巧更重要。难以想象，没有真正领会诗人的意图、诗作的主题，靠一番装腔作势的"表演"，竟能使听众产生共鸣。而深刻理解了作品，才能在表演时做到胸有成竹，恰如其分地靠声音和感情把诗句送到观众的耳朵里、心灵里。

要说得一口较标准流利的普通话，要做到每个声母读得清晰，每个韵母读得完整，要保证声调的准确，要讲究重音、停顿、语调、速度。

为了用较大的音量，使自己的声音让每位听众都能清楚听到，还应该学"腹式呼吸"、"丹田运气"，腹部、胸部的活动要同呼吸换气协调一致。这些技巧可向语文老师、音乐老师或其他内行的人询问和学习。

"朗"是"响亮"的意思，朗诵，就是响亮地诵读作品。要以声音打动听众，就得注意咬字吐音，要学会做到"一字出口，如碰南墙，当当有声"，至少要向这个方向努力。

如果我们力求声情并茂，吐字清晰，声音铿锵，分清轻重快慢，有抑扬顿挫，感情充沛，毫不矫揉造作，并且朴素真实，从容不迫，加上眼睛看全场，感情有交流，配上一些适当的动作、表情，那么"只要自然地站在那里，口对着心，心通过睛，抓住这三点，身子和四肢随着眼神自然地转动、舒展就行了"。

综上所述，在朗诵诗歌时要注意以下几点：

### 一、深知背景，明确目的

朗诵诗歌前，应搞清诗歌写作的时代背景，作者为什么要写这首诗，了解了背景和目的后，会更加深刻地理解作品内容，朗诵时有利于唤起自己的激情，从而很好地表达诗人的意志和胸怀。

### 二、运用想象，大胆设计

一首诗写情、写景、写人、写物，虽是各有特色，但都离不开形象。诗人往往在抒发感情时，用形象来表达自己要说的话。我们在进行诗歌朗诵时，要运用形象思维，以"诗情画意"来丰富自己的想象，同时还要大胆地运用联想进行设计。

### 三、节奏和谐，语言流畅

节奏是语言的音乐性，及其交替出现的有规律的语音强弱、长短的现象。节奏的轻重缓急是随着人的情绪起伏和环境的变迁而变化的，诗歌的节奏尤为明显。以古诗五言或七言绝句来说，如不掌握其节奏，朗诵后会给人以杂乱无章的感觉，要掌握好节奏，主要是处理好诗歌词句的停顿及节拍。

## 不会复述课文怎么办？

复述课文就是用自己的话和课文中学过的主要词句，把课文内容有条理地叙述出来。经常开展复述课文训练，不仅能促使我们加深对课文内容的理解，帮助记忆，而且能发展逻辑思维，提高口头表达能力。复述时，一般要求做到：①用普通话复述，声音响亮、口齿清楚、语句通顺；②有中心，有条理。复述的方式一般有三种：详细复述、简要复述和创造性复述。那么，到底如何复述课文呢？

### 一、理解课文内容

语文课本中，大多数课文文质兼美，层次清楚，中心明确。读课文时，必须读懂内容，抓住中心。如果这一点做不到的话，你的阅读就是无效的。读一篇课文可以这样安排：①先把课文读通顺、读熟练，在此基础上练习概括文章的主要内容和中心思想。②复述之前，理一理文章的思路，并抓住重点词语作为复述的"路标"。

### 二、把握课文脉络

对作者的写作思路、课文的段落

结构一定要很好掌握，这样，复述时才能做到有条理。复述练习要求：①正确、流利、有感情地朗读课文，把握文章中心，并记住文中的关键词语；②复述前，理清课文思路，先分段复述，再全文复述。

### 三、领会老师要求

如果老师要求详细复述，那你复述时的内容顺序、段落层次、重点部分以及情节发展应与原文一致；如果老师要求简要复述，则要注意抓住主要内容，删去课文中一些描述性文字，把人物对话和设问句改为陈述语气；如果老师要求创造性复述，则要在原文基础上发挥想象，重新加以组织，譬如改变人称、改变叙述顺序、合理扩充故事情节等。

### 四、列好复述提纲

为了使复述有条有理，复述前可以先列个简单提纲，确定复述的顺序。如《狼和鹿》一课的复述可以这样安排：①本文第1、2、3自然段先按事情发展的顺序叙述了发生在狼和鹿之间的故事；第4自然段则揭开了灾难降临的秘密。同学们在复述狼和鹿的故事时，要注意先理清故事的脉络：狼鹿共存、森林美好——狼被消灭——"自由王国"灾难降临。理清了脉络，实际上也就确定了复述的顺序。②复述时，要抓住课文中的有关数据和关键词语。尤其在复述第4自然段时，注意抓住"功臣"和"大坏蛋"两个关键词语。③注意复述不是背诵，它是课文内容、语言、情感的内化、重组和表达的过程，因此，切忌照本宣科。

### 五、用普通话复述

要重视加强复述前的自我口头训练。一定要在读通、读懂、读熟课文的基础上进行复述。复述时力求用普通话，语句力求完整、通顺、连贯、精练；还要按事情的发展顺序来说，注意运用课文中的词语；复述时，可先在小组内交流，如果你没有复述的经验，一定要争取在小组中发言，获得小组同学的帮助和支持，在小组训练的基础上，再积极要求在全班复述，以得到更多的帮助和指导。

总之，复述课文是一个从简单到具体，又从具体到创造的过程。也是一个从"死"到"活"、从"背诵"到"创新"的过程。同学们只要平时注意加强练习，复述课文的水平一定会大大提高。

## 不擅长演讲怎么办？

演讲是一门语言艺术，它的主要

形式是"讲",即运用有声语言并追求言辞的表现力和声音的感染力;同时还要辅之以"演",即运用面部表情、手势动作、身体姿态乃至一切可以理解的态势语言,使讲话"艺术化"起来,从而产生一种特殊的艺术魅力。

演讲表达的主要特点是"讲"。对演讲者来说,写好了演讲词,不一定就讲得好,正如作曲家不一定是演唱家一样。有文才,善于写出好的演讲词的人,不一定有口才,不一定能讲得娓娓动听。真正的演讲家,既要善写,还要会讲,即既要有文才又要有口才。从某种意义上说,口才比文才更为重要。如果演讲者讲话哼哼哈哈,拖泥带水,"这个"、"那个"的一大串,那么,即令有超凡脱俗的智慧,有深刻广博的思想,也无济于事。当今社会是开放的信息社会,新型人才不仅要有开拓进取的精神,而且还要有出众的口才。

"冰冻三尺,非一日之寒。"良好的口才,往往是经过严格的口语训练培养出来的。演讲口才的训练,不仅要勤练、苦练,而且要巧练。要练习得法,摸清规律,掌握要领。朗诵和演戏是口头语言和体态语言综合运用的最佳形式。

演讲也是青少年最常参加的活动,它不仅可以提高你的文学素养,还可以锻炼你的表达能力,可谓一举两得。但是,我们当中有好多人恰恰不擅长演讲。所以,我们要有针对性地进行锻炼:

## 一、要增强自信心、杜绝胆怯心理

演讲主要面对的是台下的老师和同学,有时还会有一些评审人员。这时候,就算你的讲稿写得再好,在台上发挥不出来也是枉然。所以,培养自信心是非常重要的。你可以尽量地熟悉你讲稿的内容,并且多在同学中进行演练,这样有助手你提高自信。

## 二、演讲的内容一定要有针对性

演讲是一种社会活动,是用于公众场合的宣传形式。它为了能够用思想、感情、事例和理论来打动听众,"征服"群众,必须要有现实的针对性。所谓针对性,首先是作者提出的问题是听众所关心的问题,它的评论和论辩要有雄辩的逻辑力量,要能为听众所接受并心悦诚服,这样,才能起到应有的社会效果。比如,我们讲"八荣八耻"的重要性,你就要让大家听了之后,真的觉得"八荣八耻"挺重要的。如果是面对同学就应该选择他们感兴趣的话题,比如体育比赛、娱乐鉴赏等。如果,台下是评委，你可以围绕这次活动的主题进行发挥，切不可偏离主题。

### 三、注意语调的停顿

语法停顿既能满足演讲者自然换气润嗓的需要，也能使演讲的语句、段落层次分明。语法停顿一般用标点符号表示出来，按标点停顿。但有时在较长的主语和谓语之间、动词和较长的宾语之间、较长的附加成分和中心词之间、较长的联合成分之间，虽然没有标点符号，也可作适当停顿。这种停顿往往是为了强调某一观点或突出某一事物。感情停顿是为表达复杂或微妙的心理感情。感情停顿常常以拖长音节发音，欲停不停或适当延长时间来表现，并且常常辅之以体态语言，使感情表达得更加自然清楚。另外演讲时一定要激昂，抑扬顿挫。激昂的情绪会使听众受到感染，抑扬顿挫的方式会引人入胜，使听众产生共鸣，从而最大限度地掌控场面。

### 四、掌握一整套技巧

这一点非常重要，比如，你可以运用丰富的表情及肢体语言进行表达；还有，演讲中还可以适当地穿插一些幽默等。

## 英语口语差怎么办？

口语表达能力是培养听说读写能力中重要的一环。说不但能够促进听力的发展，而且是提高阅读能力和写作能力的重要方法。学习语音、语调离不开说的练习，学习词汇、句型、语法也必须与说的训练密切结合。多读多说是培养言语熟练技巧的重要途径，也是学习英语的重要方法。

### 一、以听为基础

听和说是人们口头交际活动不可分割的两个方面。听是说的基础。开口说话的关键是首先要听清楚、听准确，然后才能开口模仿。如果没有听清楚就去模仿，必然模仿得不正确，说出的话别人听不懂，就会影响说的积极性和说的信心。听也是说的准备，听了之后才会产生"说"的愿望。听是一种语言输入，只有经过了大量听的活动，扩大了语言的输入量，才能培养语感，提高口语能力。另一方面，只有多听，提高了听力才有可能提高说的能力。因为只有听多了才知道英语是怎样说的，哪里该重读，哪里该轻轻带过；才知道怎样表达是英语的习惯表达，减少汉语表达的影响；也才能够通过听不断纠正自己的语音、语调,从而不但会说、敢说,而且还能说得好。

## 二、通过朗读和背诵积累

英国的一位学者韦思特说过:"在语言学习的所有方法中,先读后说的方法是最有价值的。"朗读与背诵是培养口语能力的基础之一。朗读和背诵有利于正确、熟练地掌握语音、语调,学会连读、失爆、同化等口语技巧,掌握句子的节奏及声调的轻重缓急,使语言自然流畅。通过朗读和背诵还能够牢记词汇和句型,这就有了说的物质基础,说起来才能言之有物。同时朗读和背诵也有利于锻炼、增强记忆力,有利于培养语感,从而达到熟练运用语言的目的。朗读与背诵也是发展口语表达能力的极为重要的手段。朗读英语时,能够集中注意力练习语音、语调、连读和正确处理节奏、韵律等。这实际上是有参照物的口语表达能力的培养过程。朗读是发展口头表达能力的必经阶段,是培养说英语技能的有效途径。

## 三、对话练习

对话是一连串的情节性的问答活动,也是一种双向的交际活动,其目的是交换意见,互通信息。在对话过程中,每一方都应随时根据对方话语的改变而做出必要的反应。对话是一种真正意义上的说,因为一般情况下,它不能靠一两句简单的答语完成交际过程。对话的双方可能彼此熟悉,也可能彼此并不熟悉,所以双方在交换信息的同时,通过交流观点、态度,建立了一定的人际关系。通过对话能够锻炼迅速组织语言的能力和快速表达的能力。对话一般有以下几种方式:

1. 日常对话。是入门阶段常见的对话形式,其特点是意思紧凑,形式活泼,内容熟悉。通过日常对话可积累常用语句,培养听说能力。

2. 情景对话,也叫角色表演对话。是在特定的语言交际情境中进行的对话,其特点是意思连贯,内容有趣,表现力强,能够引起听说英语的兴趣。

3. 自由对话。是为了复习巩固学过的英语语音材料,进一步发展口语听说能力而进行的对话练习。其特点是形式活泼,生动有趣,针对性强,有利于加强记忆。

4. 讨论。讨论是在有准备的前提下,围绕某一个问题或某一篇课文、短文各抒己见,充分发表自己的意见和看法。讨论可以在两个人之间进行,也可以在很多人之间进行。在讨论中往往能够开动脑筋、积极思维,充分发挥口语表达能力,说出自己的意见。因此,讨论最能够激发学习的积极性

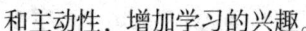
学生课堂学习中的108个怎么办

和主动性，增加学习的兴趣。

### 四、复述

复述是重新叙述听到或读到的内容。复述是培养充分理解所学内容并用口语表达所学内容的最好方法。首先，要注意复述的基础是对所学内容的充分理解。只有彻底明白所学内容，了解其层次结构和脉络，并在此基础上多做有关的问答练习，特别是那些关键性的句子和段落要反复练习，并反复朗读课文，才能够顺利地进行复述。其次，为了真正达到培养口语表达能力的目的，在复述的时候，要尽可能地用自己的话来复述原文。学会怎样去组织所要复述的内容，怎样运用学过的语言材料去重新表达复述的内容，怎样用简练通俗的语句去反映比较复杂的意思，是复述练习的主要目的。

## 不会掌握背诵方法怎么办？

不要认为背诵就是死记硬背、死读书。其实古人读书善于把许多精华部分背下来，是可取的做法。古人说"劳于读书，逸于作文"，意思就是：在读书方面要多下苦功，书中的语言自然而然变成自己的语言后，在作文时，恰当的语句就会源源而来，毫不费力或不费什么大力气，便能写好。

鲁迅、郭沫若、茅盾等人，都是对古代的散文、诗歌名篇，从小就下过工夫背诵的。毛泽东同志也能背诵许多诗文。有人回忆马克思读诗的情形："他能背诵海涅和歌德的许多诗句，并经常在谈话中引用他们的句子。"

背诵对我们少年儿童来说，可以帮助我们加深对课文的理解，提高阅读能力，还可以帮助我们了解课文中用词造句、安排全篇的妙处，培养和提高我们的作文能力。不少作文成绩突出的同学，从背诵中得到的益处是显而易见的。

背诵要随年龄增长、年级升高而逐渐增多，不要操之过急，一口不能吃成个胖子。先可以背几句话、几首绝句、几篇短文，到小学高年级，可以背诵一些律诗、现代抒情诗、名篇片断。

背诵要严格要求自己，不随便加字、漏字、读错字。至于有表情的背诵，还要像表情朗读那样讲究重音、停顿、语调、速度等。

背诵之前可以进行朗读、默读、复述等活动，为背诵作准备。

背诵前要对课文的字、词、句、节、段、线索、中心思想做认真钻研，在理解的基础上背诵，才可能背得快、记得牢。比如《桂林山水》中，描写漓江水特点的部分，写得脉络清楚。前一句写大海和西湖,用来衬托漓江水,后一句按顺序写漓江的静、清、绿三个特点,最后一句写静、清、绿,使人几乎忘却在前进的感觉。理解句与句的关系,弄清了层次,背诵起来会容易得多。

背诵不要平均花力气,要分出轻重难易,对重点、难点,多花些工夫。

背诵要运用多种方法。可以抓关键词、重点词、中心句;可以分层、分段背,边读边尝试回忆一层一段的内容;可以用录音磁带录下自己朗读的课文,边听边记忆;可以进行自查自测,有时间的话,默写一遍,对发现遗漏、纠正错误是有好处的。

背诵还要经常复习,保持记忆的牢固性,最好每天早上或晚上背一会儿书,时间不必长,贵在坚持。